인간 해석

세상이 변해도 변하지 않는 인간사

인간 해석

서보경 지음

 도서출판 더 로드
The Road Books

세상이 하루가 다르게 변해가고 있습니다. 인류는 지속적인 혁신과 발전을 거듭하며 과거에는 상상도 할 수 없었던 편리함과 경제적 풍요를 누리고 있습니다. 인터넷의 발달로 지구촌의 시간과 공간의 장벽이 사라졌고, 스마트폰 하나로 모든 것을 해결할 수 있는 시대가 되었습니다. 그렇다면 과학 기술의 발전으로 현대 사회는 더 안전해졌을까요?

산업화와 도시화는 사회 발전에 많은 기여를 했지만, 핵가족화를 야기하여 가족 공동체를 무너뜨렸고, 가족 간의 상호 작용하는 시간이 줄어들면서 가족 구성원의 개인화가 심화됨에 따라 가정에서도 소외감을 느끼는 사람들이 생겼습니다. 사람은 태어나 가족의 보살핌 아래 성장하며 가정이라는 울타리가 정서적 쉼터이자 사회적 보호막 역할을 하는데, 현대 사회에서는 이 역할이 제대로 이루어지지 않아 가정에서조차 안전감을 느끼지 못하는 경우가 많습니다. 게다가 현대인들은 생활의 기본 요소인 의식주 중 주(住)에 해당하는 집에서도 안전감을 느끼지 못한 채 살아가고 있습니다. 현대 사회에는 과거의 판자촌과 같은 열악한 주거지는 사라지고 말끔한 건물들이 빼곡히 들어서며 현대인의 주거 환경은 크게 향상되었지만, 전세 사기 사건 등의 부동산 범죄는 끊임없이 일어나고 있고, 높은 집값으로 인해 평생 은행 이자의 노예가 된 젊은 세대들은 매일 먹고 자는 집에서조차 안전감을 느끼지 못한 채 살아가고 있습니다. 이뿐만 아니라 자본주의 사회는 성과 만능주의를 낳아 현대인들은 그 어느 때보다 치열한 경쟁 속에서 살고 있으며, 평생직장의 개념도 없어져 생계의 안정성 또한 담보할 수 없는 사회에서 살아가고 있습니다. 게다가 개인주의가 심화됨에 따라 삭막해진 인간관계는 서로를 믿고 의지하지 못하게 만들어 사람을 고립시키고, 현대 사회의 끊이지 않는 사건·사고와 디지털 범죄의 진화, 급변하는 사회, 불확실한 미래는 현대인들의 마음 깊은 곳에 불안감으로 자리 잡았습니다.

사람이 살아가며 마땅히 안전하다고 느껴야 할 가정에서, 주거지에서, 직장에서, 인간관계에서 안전함을 느낄 수 없다는 건 사회가 그만큼 병들어 있다는 의미이기도 합니다. 그리고 병든 현대 사회의 뿌리에는 과거부터 반복되고 있는 인간사가 깃들어 있습니다. 과거에 비해 안전 시스템이 강화됐음에도 참사는 끊임없이 일어나고 있고, 세계적으로 평화와 인권을 중시하고 있음에도 전쟁은 계속되고 있으며, 세상이 풍요로워졌음에도 범죄는 여전히 사라지지 않고 있습니다.

이처럼 세상이 변해도 인간사의 뿌리가 변하지 않는 이유는 바로 '인간의 본질'이 변하지 않기 때문입니다. 인간의 본질은 우리 사회에, 가정에, 개인의 삶에 커다란 영향을 미치고 있음에도 불구하고 그 중요성이 간과되고 있습니다. 한 치 앞을 알 수 없는 세상에서 눈앞의 현상을 쫓기 바쁜 현대인에게 본질의 중요성을 상기시키고자 이 책을 집필하게 되었습니다.

본 책의 제1장에서는 세상이 변해도 변하지 않는 인간의 본질에 대해 말씀드렸습니다. 시시각각 변해 가는 세상에 적응하며 트렌드를 쫓느라 모든 에너지가 앞을 향해 쏠려있는 현대인에게 간과되기 쉬운 인간의 본능, 욕구, 욕망에 대해 담았습니다. 이 장을 통해 인간의 내면 깊숙이 잠재된 본질과 그 중요성을 돌아볼 수 있길 희망합니다.

제2장에서는 세상이 변해도 변하지 않는 인간사에 관해 말씀드렸습니다. 인류가 발전하며 많은 것들이 변했지만 과거는 여전히 반복되고 있습니다. 이 장에서는 오랜 세월 반복되고 있는 사회

현상과 그 뿌리에 깃들어 있는 인간의 본질을 연계하여 말씀드렸습니다. 이 장을 통해 인간의 본질이 사회에 미치는 영향에 대해 생각해 볼 수 있길 바라며, 과거부터 반복되고 있는 인간사로부터 삶의 지혜를 찾을 수 있길 희망합니다.

제3장에서는 세상이 변해도 변하지 않는 관계의 본질에 대해 말씀드렸습니다. 현대 사회의 삭막한 인간관계는 개인과 사회에 여러 부작용을 낳고 있습니다. 이 장에서는 인간관계로 인해 위협받고 있는 인간의 본질과 관계의 가치에 대해 담았습니다. 이 장을 통해 현대 사회에서 잊혀 가는 관계의 진정성을 돌아볼 수 있길 바랍니다.

마지막 장인 제4장에서는 급변하는 세상, 성과주의 사회, 바람 잘 날 없는 일상에서 자기중심을 잡고 살아가는 방법에 대해 말씀드렸습니다. 방황과 시련의 연속인 인생에서 중요한 것은 회복 탄력성과 삶을 대하는 태도의 유연성입니다. 이 장을 통해 세상이 변해도 변하지 않는 가치를 돌아보길 바라며, 세상살이가 보다 유연해지길 기원합니다.

현대인들은 겉에서 보기엔 꽤 잘 살아가는 것처럼 보이지만 저마다의 근심 걱정을 안고 살아갑니다. 게다가 삶은 늘 한 치 앞을 내다볼 수 없는 불확실성으로 가득하여 한 번씩 두려움이 온몸에 스며들곤 합니다. 우리는 삶이 두려워지면 눈앞에 보이는 현상과 결과에 휩쓸리기 쉽습니다. 하지만 인생의 중요한 단서는 표면적 현상이 아닌 내적 본질에 담겨있습니다. 그래서 사는 게 두렵고 혼란스러울 땐 '본질'을 들여다보는 지혜가 필요합니다. 본질은 우리 삶을 지탱하는 근원이자 미래를 헤쳐 나가는 지혜의 단서입니다.

저자 서 보 경

contents

프롤로그 *Prologue*   5

제 1 장

변하지 않는 인간

1   배 속에서부터 시작되는 생존 본능   17

2   원시적 본능만 남는 순간   20

3   영악함은 본능일까? 수단일까?   23

4   진실은 어떻게 왜곡되는가?   26

5   거짓을 걸러내는 몸   30

6   탐욕은 영원하다   34

7   욕망은 어떻게 지배되는가?   39

8   다양한 자기 보호 경로   43

9   이성이 본능을 지배하는 사이   47

10   당신도 욕구 불만   52

11   원초적 공포, 죽음   56

제2장

변하지 않는 세상

1 인간사는 반복된다   63

2 참사는 왜 반복되는가?   66

3 과거의 신분 제도는 사라졌을까?   70

4 현대판 유전무죄, 무전유죄   72

5 양극화는 영원한 것인가?   75

6 고래 싸움에 국민 등 터진다   78

7 사라지지 않는 전쟁   82

8 고독사, 남 일이 아니다   85

9 범죄가 사라지지 않는 이유   89

10 사람이 사람답게 살아가려면   93

11 인간은 무엇으로 고립되는가?   96

12 양날의 검을 품은 산업혁명   102

13 점집이 사라지지 않는 이유   106

14 활자의 여운은 영원하다   109

제3장

변하지 않는 관계

1 관계의 상품화   115

2 절연과 손절의 차이   119

3 돈으로 거래하는 감정   122

4 안전하지 않은 관계   126

5 가면에 갇힌 사람들   129

6 영웅과 테러리스트의 한 끗 차이   132

7 사람은 평가의 대상이 아니다   136

8 오해의 굴레에서 벗어나려면?   140

9 관계의 과잉 의도   145

10 갈등은 해납백천(海納百川)으로   148

11 당연한 사람은 없다   152

12 변하지 않지만 변하는 사람   156

13 외로움은 치유의 대상이다   160

14 이해되지 않는 사람   165

15 인사가 만사다   168

제 1 장

급변하는 세상에서

1	안전함을 느낄 수 없는 사회	173
2	숫자가 전부가 아니다	176
3	일어날 일은 일어난다	179
4	사춘기는 계속 된다	184
5	두려울수록 본질에 집중하라	187
6	관성은 쉽게 깨지지 않는다	191
7	확률은 배신하지 않는다	194
8	인정 강박에서 벗어나라	198
9	무(無)쓸모란 없다	202
10	풍파 속에서 살아내는 힘	206
11	당신의 미래가 보인다	209
12	물처럼 사는 삶	213
13	말 많고 탈 많은 세상살이에서	215

에필로그 Epilogue	217
참고문헌	221

변하지 않는 인간

1

배 속에서부터 시작되는 생존 본능

모든 생명은 살고자 하는 본능을 가지고 있습니다. 우리는 이것을 '생존 본능'이라고 합니다.

저는 코로나19 사태 초반에 사람들이 극도로 예민해진 모습을 보며 인간의 생존 본능을 체감하였습니다. 당시 출장이 많았던 저는 비행기를 탈 일이 종종 있었는데, 기내는 마치 전용기를 탄 것처럼 한산하였고, 늘 북새통을 이루던 시내 한복판은 텅텅 비어있었습니다.

특히 대구 신천지 교회의 집단 감염 사건으로 신천지 교회가 전 국민에게 지탄받고 있을 시기에는 제가 대구에 있었다는 이유만으로도 불편해하는 사람이 많았고, 심지어 대구 업체에서 발송한

택배를 뜯어보지도 않고 반품하는 사례도 있었습니다.

저 역시 코로나19 사태 초기에 뉴스에서 코로나바이러스 감염증으로 인한 사망 소식을 접할 때마다 한껏 예민해져 타인과 엘리베이터를 함께 타는 것조차 꺼려졌고, 공공장소에서 누군가 기침이라도 하면 반사적으로 기침한 사람을 매의 눈으로 쳐다보았습니다.

이렇게 유난을 떠는 제 모습을 보며 '내가 살려고 용을 쓰는구나.' 싶으면서도 한편으론 생존을 위한 생명의 치열한 몸부림을 느낄 수 있었습니다.

그렇다면 인간은 언제부터 생존 본능이 작동할까요?

놀랍게도 인간의 생존 본능은 세상에 태어나기도 전에 엄마의 배 속에서부터 시작됩니다.

태아의 생존 본능은 산모의 입덧과 밀접한 관계가 있습니다. 태아가 임신 상태를 계속 유지하기 위해 임신 유지 호르몬인 인간 융모성 생식선 자극 호르몬(HCG)을 분비하여 산모의 입덧이 심해지지만, 결과적으론 태아의 자궁 착상률을 높여줍니다. 게다가 태아는 자신에게 산소와 영양분이 잘 전달될 수 있도록 모체의 당수치와 혈압을 높이는데, 이때 산모가 혈당과 혈압을 자체적으로 조절하기 어려울 정도로 높아지면 임신성 당뇨와 임신 중독증(임신성 고혈압)을 유발합니다. 이처럼 오로지 자신의 생존을 위해 엄마의 안위를 희생시키는 모습은 인간의 생존 본능 이면에 존재하는 생명의 이기성(利己性)을 느낄 수 있습니다.

어떠한 상황에서라도 살아남고자 하는 생존 본능은 생명의 적응력을 진화시키기도 하지만, 다른 생명체를 희생시켜서라도 자신만 살아남으면 된다는 이기주의로 전락할 수 있습니다.

영국의 진화 생물학자이자 동물 행동학자인 리처드 도킨스의 저서 『이기적 유전자(The Selfish Gene)』에서 소개한 검은머리갈매기와 남극의 황제펭귄의 사례를 통해 생명체의 이기적인 생존 본능을 이해할 수 있습니다. 검은머리갈매기는 이웃이 먹이를 찾으러 간 사이 동족의 둥지를 습격하여 어린 새끼를 잡아먹고, 남극의 황제펭귄은 자신들의 포식자인 바다표범에게 잡아먹힐 위험 때문에 물가에 서서 다른 개체가 물에 먼저 뛰어들기만을 기다리고, 급기야 무리 중 한 마리를 물속으로 떠밀어 버리려고까지 합니다.

그렇다면 모든 생명은 생존의 경계에서 이토록 이기적이기만 할까요?

이 부분에 대해서는 다음 장에서 이야기 나누어 보겠습니다.

2

원시적 본능만 남는 순간

　얼마 전에 본 영화 〈콘크리트 유토피아〉에서 세상이 다 무너져 내릴 정도의 대지진으로 모든 것이 파괴되었지만 유일하게 살아남은 한 아파트가 등장합니다. 사건의 배경이 한겨울이다 보니 생존자들이 추위를 피해 이 아파트로 몰려오게 되며, 이곳에 구비되어 있던 식량과 생필품은 급속도로 소진됩니다. 상황이 더욱 열악해지자 아파트 입주민들은 자신들의 생존을 위해 집도 절도 없는 외부인들을 아파트에서 매몰차게 쫓아냅니다. 그렇게 냉혹한 추위에 오갈 곳 없는 사람들을 사지로 내모는 건 살인과 같은 행위라는 것을 모두가 알고 있지만, 입주민들은 자신들의 생존을 위해 극단적 이기주의를 발휘합니다.

시간이 지날수록 입주민들의 식량과 생필품이 더욱 고갈되어 생활이 여의치 않자, 남성 입주자들은 무리 지어 식량을 찾아 나섭니다. 이들은 식량을 찾는 과정에서 자신들을 방해하는 외부 생존자를 마치 야생 동물을 사냥하듯 서슴없이 죽이기도 하는데, 더 놀라운 건 이들이 폭행과 살인을 저지르면서도 자신들의 생존을 위해 어쩔 수 없는 선택이었다고 합리화하며 양심의 가책을 느끼지 못했다는 점입니다. 저는 이 모습을 보며 제2차 세계대전 당시 나치 강제 수용소에 수용되었던 빅터 플랭클이 떠올랐습니다.

빅터 플랭클은 자신의 회고록인 『죽음의 수용소』를 통해 매일 죽음의 문턱에서 죽음보다 더 한 고통을 견뎌야 했던 수감자들의 일상을 생생하게 묘사했습니다. 그는 매일 잔혹한 학대를 당하며 죽어가는 수감자들의 모습에 점차 무감각해졌고, 심한 영양실조에 시달리자 먹고자 하는 원시적 본능만 남아 눈앞에 시체가 있어도 아랑곳하지 않고 음식을 허겁지겁 먹었습니다. 이를 통해 인간이 매일 죽고 사는 죽음의 경계에 서면 인간의 정신세계는 원시적 수준이 된다는 것을 알 수 있습니다. 하지만 모든 사람이 극도로 열악한 상황에서 인간의 존엄성을 잃는 것은 아닙니다.

빈민가의 열악한 환경을 마다하지 않고 봉사로 일생을 바친 테레사 수녀와 어려움에 처한 조국을 위해 목숨을 바쳐 나라를 구하려 했던 독립운동가들, 그리고 강제수용소에 기약 없이 갇혀 최소한의 인권도 보장받지 못하는 환경에서도 사람을 살리는 심리 치

료법을 고안해 낸 빅터 플랭클처럼 열악한 상황에서도 삶의 의미를 실천하는 사람들이 있습니다.

인간은 아무리 척박한 환경에서도 능동적으로 자신의 태도를 결정할 수 있습니다.

인간의 육체는 원시적 본능이 지배하지만, 우리에겐 원시적 본능을 뛰어넘는 강력한 정신이 깃들어 있습니다.

3

영악함은 본능일까? 수단일까?

인간은 본능적으로 누울 자리를 보고 다리를 뻗습니다.

말도 잘 못하는 아이가 부모보다 조부모 앞에서 더 어리광을 피우는 것도 조부모가 더 관대하다는 것을 알기 때문이고, 사기꾼도 자기 말에 현혹이 될 만한 사람을 귀신같이 알아챕니다. 타인에게 무언가를 부탁할 때도 어려운 사람보단 편한 사람을 찾게 되며, 화를 낼 때도 상대방의 성품을 봐가며 행동합니다.

말도 잘 못하는 어린아이조차 누가 자기 말을 잘 들어줄지 단번에 알아채고 만만한 사람을 집중적으로 공략하는 걸 보면, 영악함이 인간의 본성이라 해도 이상할 것이 없습니다.

현대 사회에서는 인간의 영악함을 부정적인 의미로 해석하기도 하지만, 영악한 본성은 인류가 생존하는 데 있어서 아주 중요한 역할을 했습니다.

인간이 누울 자리를 보고 다리를 뻗는 건 생존 본능에 의해 오랜 세월 이어온 반사적 행동입니다. 수렵 채집민은 사냥 중에 짐승을 만나면 '사냥' 또는 '도망'을 선택해야 했습니다. 그 짧은 찰나에 자신의 역량으로 죽일만한 짐승인지를 제대로 판단해야만 생존에 유리했으니까요.

사냥에 눈이 멀어 잘못 덤볐다간 자신이 죽을 수도 있고, 사냥에 성공할 수 있는데 도망갔다간 온 가족이 굶을 수도 있으니, 짧은 시간 내에 누울 자리를 판단하는 건 생존을 위한 본능적인 행동이었을 겁니다. 이처럼 과거에는 영악한 판단력이 생존을 위한 몸부림이었다면, 현대 사회에서는 자신에게 유리한 수단으로 활용되고 있습니다.

자본주의 사회에서는 성과를 내는 것 또한 또 다른 생존을 의미합니다. 그래서 사람들은 본능적으로 직장에서 누구에게 잘 보여야 하는지, 누구에겐 진상을 부려도 안전한지를 파악합니다.

저만해도 업체와 미팅을 하다 보면 '이 정도면 네고를 더 밀어붙여도 되겠는데?' 하는 생각이 들 때가 있는데, 이렇게 누울 자리가 보이면 어떻게든 다리를 뻗어보려 몸부림치게 됩니다. 하지만 이러한 영악한 몸부림에 의해 역공을 당할 때도 있습니다.

저 또한 누군가에겐 다리를 뻗어도 되는 사람일 테니까요. 영악함은 양날의 검입니다. 자신에게 유리하게 휘두를 때도 있지만, 타인에게 찔리는 일도 허다합니다.

그럼에도 인간은 무의식중에 서로를 향해 끊임없이 누울 자리를 파악합니다. 이는 인간의 기민한 처신으로 해석할 수도 있지만, 상황을 자신에게 유리하게 이용하려는 인간의 영악한 본성이기도 합니다.

4

진실은 어떻게 왜곡되는가?

　사람은 누구나 타인에게 좋은 인상을 주고 싶어 합니다. 그래서 설문 조사나 면접 또는 사람들에게 자기 생각을 드러낼 때 타인의 시선을 의식하여 자기 검열을 합니다. 이 과정에서 진실은 너무도 쉽게 왜곡됩니다.

　직장에서 회식 중에 팀 리더가 농담처럼 묻습니다.

　"여러분은 누군가를 칼로 찌르는 상상을 해 본 적이 있나요?"

　만약 여러분이 실제로 누군가를 죽이는 상상을 해 본 적이 있어도 리더와 팀원들이 다 있는 자리에서 "저는 가끔 그런 상상을 합니다."라고 솔직하게 말하긴 어려울 겁니다. 왜냐하면 굳이 자신의 어두운 내면을 타인에게 드러내고 싶진 않을 테니까요.

이처럼 타인에게 좋은 인상을 주고 싶어 하는 인간의 욕구를 '사회적 바람직성 편향(Social desirability bias)'이라고 합니다.

타인에게 좋은 사람으로 보이고 싶은 사회적 욕구는 설문 조사에서도 그대로 반영됩니다.

한 연구에서 덴버 주민 중 몇 퍼센트가 시장 선거 투표에 참여했는지와 최근 공동 모금회에 기부했는지에 대해 공식 정보원을 통해 데이터를 수집했습니다. 이후 그들은 주민들에게 설문 조사를 실시하여 공식 데이터와 비율이 일치하는지 확인했는데, 놀랍게도 설문 조사에서 지난 시장 선거에 투표했다고 답한 사람은 63%였지만, 공식 수치는 36%밖에 되지 않았고, 설문 조사를 통해 최근 공동 모금회에 기부했다고 답한 사람은 67%였지만, 공식 수치는 이의 절반 수준인 33%밖에 되지 않았습니다.

이처럼 자신이 더 괜찮은 사람으로 보이고 싶은 욕구는 일상에서도 종종 드러납니다. 상대방에게 잘 보이기 위해 좋아하지도 않는 반려동물을 사랑하는 것처럼 말하고, 외부인이 많은 자리에서 너그럽게 보이고 싶은 마음에 보통 때 같으면 불같이 화낼 만한 상황이 발생해도 괜찮은 척 웃어 보이기도 합니다.

이 밖에도 인간은 자신의 목적을 달성하기 위해 진실을 왜곡시키기도 합니다. 오랜 기간 취업 준비를 해온 A는 그동안 간절히 바라던 회사에 입사 지원을 하게 됩니다. 다행히 서류 전형을 통과하여 면접을 보게 되었는데, 면접관이 이런 질문을 합니다.

"A님은 마케터로써 자기 계발을 어떻게 하고 있나요?"

면접자 A가 자신 있게 대답합니다.

"마케터는 통찰력이 중요하다고 생각하기 때문에 저는 인문 분야의 책을 매달 두 권 이상 읽습니다."

사실 A는 책을 전혀 읽지 않지만, '취업'이라는 강력한 동기가 거짓을 만들어 냈습니다.

제가 아는 사업가 B는 회사 사정이 어려워져 폐업 직전의 상황에 다다랐지만, 수억 원대의 외제 차를 새로 구매하여 회사의 재정 상태가 좋은 것처럼 허세를 부리고 다닙니다.

그 모습을 볼 때마다 나중에 뒷감당을 어떻게 하려고 하나 싶어서 B에게 단도직입적으로 물어봤습니다.

"지금 회사 자금 사정이 좋지 않은 것으로 알고 있는데, 그렇게 여유 있는 척 행동하는 이유가 있나요?"

B는 무덤덤하게 대답합니다.

"회사가 힘들다고 내색하고 다니면 누가 이 회사에 투자를 해 주겠어."

B의 입장에서는 투자를 받기 위한 생존의 발버둥이지만, 그의 부풀려진 언행에 속아 투자를 하는 사람의 입장에선 그저 사기일 뿐입니다.

이처럼 인간은 사회적 바람직성 편향 때문이든, 목적 달성을 위해서든 진실을 너무도 쉽게 왜곡합니다.

그렇다면 타인의 말을 곧이곧대로 믿기 어려운 세상에서 어떻게 살아가야 할까요?

다음 장에서 인간의 거짓을 걸러내는 방법에 대해 말씀드리겠습니다.

5

거짓을 걸러내는 몸

인간의 입은 끊임없이 거짓말을 합니다.

상대방을 위한 선의의 거짓말부터 자신에게 유리하게 현실을 해석하는 합리화의 거짓말, 사회적 체면을 유지하기 위한 허언증, 정치인들이 자주 하는 '기억이 나지 않습니다'와 같은 해명의 거짓말까지 의도가 어떻든 우리 사회는 거짓말 천국입니다.

저는 어렸을 때 상대방의 말을 곧이곧대로 믿었는데, 성인이 된 이후론 자신의 이력이나 사업을 과장하는 사람들을 워낙 많이 만나다 보니 '그럴싸한 말'에 대한 신뢰가 많이 떨어졌습니다. 게다가 꼭 거짓말이 아니라도 나이가 들수록 타인에게 보여주고 싶은 부분만 선별해서 보여주는 능력이 능수능란해지기 때문에 상대방의 말에만 의존하여 진상을 파악하기 어려울 때가 많습니다.

그래도 다행인 건 우리 몸은 여전히 정직하다는 것입니다. 인간의 몸동작이 정직한 이유는 언어가 존재하지 않았던 시대에는 생존을 위해 비언어적 신호를 사용할 수밖에 없었고, 생명을 위협하는 천적이나 맹수로부터 살아남으려면 몸의 신호가 정확해야 했기 때문입니다. 게다가 인간의 행동을 컨트롤하는 뇌는 무의식을 완벽하게 통제할 수 없기 때문에 자신도 모르는 사이에 정직한 신호가 튀어나오게 됩니다.

미국 연방수사국(FBI)에서 25년간 대적첩보(counterintelligence) 특별 수사관으로 활동한 조 내버로의 저서 『행동의 심리학』에서 몸의 정직성을 보여주는 한 사례를 소개합니다. 예전에 애리조나 주 파커 인디언 보호구역에서 한 젊은 여성이 성폭행을 당하는 사건이 발생했습니다. 당시 사건의 유력 용의자를 불러 조사하였는데, 그의 태도는 매우 당당했고 진술 내용도 그럴듯했습니다. 용의자는 피해자를 본 적이 없고, 들에서 목화밭 길을 따라가다 왼쪽으로 돌아서 곧장 집으로 들어갔다고 주장했습니다. 그런데 그는 진술 중에 치명적인 실수를 하고 맙니다. 분명 그의 입은 "왼쪽으로 돌아서 집으로 들어갔다."라고 말했지만, 그의 손은 무의식중에 오른쪽을 가리켰던 것입니다. 그가 무의식적으로 가리킨 방향은 성폭행 현장으로 가는 길과 정확하게 일치했습니다.

이처럼 인간은 자신도 모르게 몸을 통해 진실의 신호를 내보냅니다.

예능 프로그램에서 자주 언급되는 '동공 지진'도 몸의 정직성을 나타내는 대표적인 신호입니다. 사람은 당황하면 교감신경이 활성화되면서 동공확대근이 자극받아 동공이 확대되고, 그 정도가 심하면 눈빛이 흔들리는 것처럼 보일 수 있습니다.

그래서 저는 상대방과 대화를 나눌 때 귀로는 상대방의 말을 듣고, 눈으론 상대방의 눈빛을 살핍니다. 상대방이 애써 태연하게 말해도 눈빛을 통해 분노, 불안, 슬픔은 쉽게 드러납니다. 비단 눈빛뿐 아니라 상대방의 동작을 통해서도 진실을 알 수 있습니다. 일례로 제 유튜브 채널은 주로 진중한 주제를 다루다 보니 스피치가 잔잔할 때가 많습니다. 그 영상만 보고 저를 여성스럽게 보는 사람이 많은데, 저의 본 모습을 보려면 영상 속 몸동작에 집중해야 합니다.

입으로는 조곤조곤 말하고 있을지 몰라도, 몸으로는 "나는 장군이다."를 외치고 있을 겁니다. 조금 자폭하는 기분이 들긴 하지만, 이렇게 액션이 큰 사람이 여성스럽긴 어렵겠죠? (웃음) 비언어적 요소는 상대방을 파악하는 데만 유용한 것이 아닙니다.

저는 무의식적으로 흘러나오는 저의 몸동작을 보고 제 마음 상태를 알아차립니다.

가령 상대방과의 대화 중에 몸이 상대를 향해 앞으로 살짝 기울어진 제 모습을 발견하면, '내가 지금 상대방의 말을 흥미롭게 듣고 있구나'라고 인식하기도 하고, 자꾸 몸이 출구 방향으로 돌아가고 시계로 눈이 간다면 '내가 이 자리를 벗어나고 싶구나' 하는 마음을 알아차리게 됩니다.

이처럼 몸의 신호는 타인을 깊게 이해하는 데 도움이 될 뿐만 아니라 자신의 마음 상태를 알아차리는 데도 도움이 됩니다.

비언어적 요소를 깊게 관찰하기 시작하면 그동안 보이지 않았던 것들이 서서히 눈에 들어올 것입니다.

진실의 단서는 몸에 담겨있음을 기억하시길 바랍니다.

탐욕은 영원하다

저는 고전을 읽으면 항상 이런 감탄을 합니다.

'수백 년 전에 쓰여진 책이 어쩜 이렇게 현시대에도 찰떡같이 맞아떨어질까?'

분명 고전이 집필된 시기와 현시대는 시대적 배경과 문화, 산업, 생활 방식 등의 차이가 큰데도 고전에 등장하는 인물들의 언행이 묘하게 공감되고, 고전에 담긴 인간사는 마치 지금 이 순간에도 일어날 법한 일들로 가득합니다.

이처럼 오랜 세월이 흘러도 인간사의 유형이 크게 바뀌지 않는 건 인간의 본질이 변하지 않기 때문인 것 같습니다.

우리는 고전을 통해 당시의 사회적 배경과 인간의 본질을 간접적으로 경험할 수 있습니다. 400여 년 전에 쓰인 셰익스피어의 『리어왕』에서 리어왕의 두 딸이 감언이설로 아버지의 재산을 꿰찬 뒤 돌변하는 태도에서 인간의 탐욕을 느낄 수 있습니다. 이로부터 오랜 세월이 지난 지금도 여전히 상속 재산 분할 문제로 가족끼리 갈등을 겪는 모습을 보면 인간의 탐욕은 참 한결같다는 생각이 듭니다.

탐욕의 사전적 의미는 '지나치게 탐하는 욕심'인데, 여기서 말하는 '지나치게'의 정도는 상당히 주관적입니다. 적당한 탐욕은 자신의 목표를 달성하기 위해 지속적으로 스스로에게 동기 부여를 해 주고 삶의 활력을 채워줍니다. 인간은 끊임없이 욕망하기 때문에 앞으로 나아가는 것입니다. 하지만 탐욕의 '적당함'과 '지나침'의 정도를 뚜렷하게 구분 짓는 건 어려운 일입니다. 여기서 중요한 건 욕심은 사람마다 정도의 차이는 있을 수 있지만 누구에게나 존재하며, 인간의 욕심은 끝이 없다는 것입니다. 이 말을 듣고 "저는 지금의 연봉 또는 연 매출에 만족하는데요?"라고 반문하는 사람이 있다면 저는 이렇게 되묻고 싶습니다.

"제가 지금 당장 현재 소득의 두 배를 벌 수 있는 손쉬운 방법을 알려드리겠다고 하면 거절하시겠습니까?"

자신의 욕망을 어떻게 채워야 할지 달리 방법을 모르기 때문에 '현재에 만족한다'라고 합리화하는 것을 '나는 탐욕이 없어'라고 인식해서는 안 됩니다.

보통의 직장인들은 자기 연봉의 두 배를 받았으면 좋겠다고 이야기하고, 사업가들은 연 매출이 지금의 두 배가 됐으면 좋겠다고 이야기합니다. 물론 두 배보단 네 배, 열 배가 더 좋겠지만, 현실과 거리가 너무 먼 숫자는 실현 가능성이 희박하니 그나마 현실적으로 느껴지는 두 배를 외치는 것입니다. 하지만 이들이 현재 꿈꾸는 소득을 달성하고 나면 100% 만족할까요? 지금은 '당연히 만족하지'라고 이야기하겠지만, 정작 그때가 되면 또 두 배 타령을 할 것입니다. 인간의 탐욕은 마르지 않는 샘물과 같으며, 욕망은 돈에만 깃들어 있는 것이 아닙니다. 현재 내 옆에 있는 사람에게 만족하지 못하고, 직원들에게 늘 불평불만을 쏟아내며 타사 직원과 비교하고, 자신에게 더 도움이 되는 지인을 원하고, 더 넓은 인맥을 갈망하는 '관계의 탐욕' 또한 끝이 없습니다.

욕망의 정도가 지나치면 양심을 잃고, 법망을 넘나들며 타인에게 피해를 주면서도 자기 행동을 정당화하는 비인간적인 상태에 놓일 수 있습니다.

경찰청 홈페이지의 수사 통계 자료를 통해 십여 년 전부터 현재까지의 사기 범죄 건수를 확인한 결과, 사기 범죄는 매년 20~30만 건씩 꾸준히 발생하고 있었습니다. 이 또한 참 한결같죠? 이렇게 타인의 피눈물로 자신의 배를 채우는 사기 범죄의 베이스에는 인간의 탐욕이 깔려있습니다. 그런데 여기서 말하는 탐욕이란 타인을 등쳐먹는 가해자에게만 해당되는 것이 아닙니다. 과거부터 이어오는 폰지(Ponzi), 펌프 앤 덤프(pump&dump), 기획부동산 투자사기, 해외 투자사기를 보면 미끼를 던지는 측의 잘못만은 아닙니다. 개중에는 꾀어내는 사람이 없어도 스스로 탐욕에 사로잡혀 제 발등을 제가 찍은 경우도 허다합니다.

요즘 같은 세상에는 믿기 어렵겠지만, "6개월 만에 80배나 올랐대! 인생 한 방이야!"를 외치던 시절이 있습니다. 1961년 박정희 의장이 이끄는 국가재건최고회의에서 자본시장 육성을 선언하며 대증주(유상증자에 청약하러 나온 개인투자자들)가 하루가 다르게 가격이 치솟다가 반년 만에 액면가의 80배로 폭등합니다.

그런데 약 한 달 뒤 세 증권사가 쓰나미처럼 몰려오는 대증주 매물의 결제 대금을 마련하지 못해 매도 세력에게 무너지며 신주(新株)를 청약한 투자자들의 자산 98%가 허공으로 날아갑니다. 이로부터 십여 년 뒤 중동으로부터 대규모 건설사업 수주 소식이 잇따르며, 1975년부터 약 3년 반 동안 종합 건설업 지수가 53배가량 뛰어오릅니다. 그리고 얼마 지나지 않아 정부의 금리 인상 및 부동산 투기 억제 정책, 이란의 석유 수출 중단 발표로 '2차 오일 쇼크'가 터지며 건설주는 약 1년 6개월 만에 시가 총액의 70%가 증발하게 됩니다. 이렇게 폭등과 폭락을 반복하는 역사에서 주식은 사두면 무조건 오른다고 부추기는 사람과 항간의 풍문만 믿고 전 재산을 올인한 사람 중 누구의 잘못이 더 크다고 가르는 것이 무슨 의미가 있겠습니까.

일확천금을 향한 탐욕은 이성을 잃게 하여 판단력을 망가뜨립니다. 마치 귀신에게 홀리기라도 한 듯 주위에서 아무리 말려도 눈과 귀가 다 가려져서 삶의 중심을 잡지 못하게 됩니다.

저도 예전에 기획 부동산 업자의 설득으로 정신이 혼미해진 적이 있는데, 상대방의 논리가 꽤 설득력이 있어서 그 기회를 놓치면 왠지 큰 손해를 볼 것 같은 기분이 들었습니다. 그렇게 팔랑 귀가 된 저 자신을 보며 제안에 꿈틀대는 '탐욕'의 존재를 느낄 수 있었습니다.

당시 제 친구의 이 한마디가 없었다면 저는 대형 사고를 쳤을지도 모릅니다.

"돈을 그렇게 쉽게 벌 수 있으면 이들이 이렇게 죽어라 영업할 필요도 없겠지."

참 고마운 친구죠? 세상엔 내 욕망을 자극하는 단내 나는 돈은 있어도 쉬운 돈은 없는 법입니다.

인간은 오랜 세월 탐욕이 부른 대참사를 끊임없이 직간접적으로 경험했음에도 탐욕은 여전히 인간의 내면 깊은 곳에 자리 잡고 있습니다. 탐욕은 세상이 변해도 변하지 않는 인간의 본질입니다.

다음 장에서는 인간의 욕망이 어떻게 지배당하는지 이야기 나누어 보겠습니다.

욕망은 어떻게 지배되는가?

인간의 욕망을 이용하는 건 사기꾼만이 아닙니다. 기업 역시 인간의 본능을 자극하여 재화나 서비스를 판매합니다.

우리는 제품을 살 때 자신이 원하는 제품을 산다고 생각하지만, 알게 모르게 기업의 공격적인 마케팅에 지배당합니다.

기업은 소비자가 동일한 재화나 서비스를 반복적으로 소비하면 점차 익숙해지고 이내 만족도가 감소하는 '한계 효용 체감의 법칙'을 간파하여 공격적으로 신제품을 쏟아냅니다.

저 역시 옷이 그렇게 많은데도 시즌마다 신상이 나오면 눈이 휘둥그레지는데, 기업이 얼마나 교묘하게 저의 욕망을 자극하는지, '기업의 광고에 현혹된 것이 아니라 내게 꼭 필요해서 사는 거야!'

라고 합리화까지 하게 됩니다.

소비자의 욕구를 간파한 기업의 행보는 마케팅에서도 고스란히 드러납니다. '효과가 없을 시 100% 환불 보장'이라는 대대적인 광고 또한 사람이 이익으로 얻는 만족보다 손실로 인한 불만족을 더 크게 느끼는 심리인 '손실 회피 편향(Loss aversion)'을 이용한 것입니다.

소비자는 제품을 구매하고 나면, 제품의 가치를 구매 전보다 훨씬 높게 평가하는 '소유 효과'가 작동하기 때문에 제품을 다시 반품하는 행위를 '손실'로 인식하게 됩니다. 그래서 손실을 막고자 자신의 환불 기준을 '효과가 없을 시'에서 '하자가 없을 시'로 대폭 낮추게 됩니다. 즉, 큰 불편함이 없는 이상 그냥 사용하게 되는 것이지요. 여기에 반품 처리 과정이 귀찮은 것 또한 한몫합니다.

게다가 기업은 인간의 원초적 본능인 후각, 청각, 시각, 미각, 촉각을 자극하여 소비자를 현혹시킵니다.

여러분도 길을 걷다 환풍기를 통해 은은하게 퍼지는 빵 냄새를 맡으면 갑자기 빵이 먹고 싶어지지 않던가요? [후각 자극]

매장에서 영롱한 조명에 홀려 옷을 샀는데, 집에 와서 다시 보니 매장에서 봤던 제품과 느낌이 다르지 않던가요? [시각 자극]

평소에 관심도 없었던 브랜드인데, 로고송이 뇌리에 박혀 잊히지 않았던 적이 없나요? [청각 자극]

판매원의 권유에 의해 어떨결에 제품을 체험했다가 그대로 구

매한 적이 있지 않나요? [촉각 자극]

기업이 이렇게 시시때때로 인간의 오감(五感)을 자극하니, 아무리 현명한 소비자라도 유혹을 떨쳐내기가 어렵습니다. 게다가 기업은 인지 심리학과 신경 과학까지 동원하여 인간의 뇌와 소비 성향의 상호 작용을 마케팅에 활용합니다. 그들은 고객들의 구매 습관, 브랜드 충성도, 의사 결정 과정에 따라 소비자를 유형화하여 맞춤 마케팅을 펼칩니다.

이뿐만 아니라 기업은 각종 매체를 통해 브랜드를 반복적으로 노출시켜 소비자의 무의식 영역에 브랜드를 각인시킵니다. 이렇게 체계적이고 집요하게 마케팅을 밀어붙이니, 이 세상을 '유혹의 천국'이라고 불러도 무방할 것 같습니다.

저는 인간의 본질에 대해 공부하면서부터 상대방의 유인 기술이 보이기 시작했습니다.

'이 제품은 인간의 안전 욕구를 충족시키기는구나.'

'이 마케팅은 인간의 보상 심리를 자극하는구나.'

이러한 논리로 기업의 움직임을 바라보면 참 재밌습니다.

근래에 한 부동산 투자 설명회에서 담당자가 한참을 설명하다 마지막에 저에게 이렇게 말했습니다.

"계약을 안 하시더라도 나중에 100% 다 돌려드릴 테니, 일단 백만 원이라도 걸어두고 가세요."

그래서 제가 되물었습니다.

"굳이 왜 그래야 하죠?"

담당자는 기다렸다는 듯이 대답합니다.

"현재 매물이 몇 개 안 남아서 일단 찜해놓는 거예요. 나중에 원하시는 위치의 매물이 다 빠질 수 있거든요."

저는 미소를 머금고 이야기했습니다.

"인간의 손실 회피 편향을 잘 활용하시네요."

이들은 100% 환불이라는 조건을 내세워 손실을 회피하고자 하는 저의 마음을 안심시켰고, 현재 매물이 얼마 안 남았다는 희소성을 강조하여 구매 심리를 자극하였습니다. 만약 제가 그들의 요청대로 백만 원을 먼저 지불한 뒤 특정 호실을 확보해 두었다면 소유 효과가 작동하여 마치 제가 그 집을 소유한 것 같은 기분이 들며 매물의 가치를 더 높게 평가했을 겁니다. 그리고 며칠 뒤 계약하지 않겠다고 환불을 요청할 때는 왠지 손해를 보는 듯한 기분이 들며 아쉬운 마음이 생기는 것이죠.

그들은 바로 이런 마음을 노리는 것입니다.

우리는 알게 모르게 외부로부터 마음을 지배당하며 살아가고 있습니다. 지금 이 순간에도 우리의 욕망을 자유자재로 자극하며 자신의 목적을 달성하는 사람이 있을 것입니다. 이것이 인간의 본질을 이해해야 하는 이유입니다.

다음 장에서 인간 본질의 핵심인 자기 보호 본능에 관해 이야기 나누겠습니다.

8

다양한 자기 보호 경로

　가정 형편이 넉넉하지 못한 한 아이가 부유층 자녀들이 많이 다
니는 사립 학교에 다니게 되었습니다. 같은 반 친구들이 둘러앉아
서로 물어봅니다.

　"너희 아빠는 무슨 차 타?"

　"우리 아빠는 지바겐!"

　"우리 아빠는 카이엔!"

　"우리 아빠는 740i!"

　집에 자동차가 없던 이 아이는 자신이 대답할 차례가 다가오자,
머릿속이 하얗게 질려버립니다.

　'우리 집에 차가 없다고 하면 친구들이 나랑 안 놀아 주겠지?'

잠시 망설이던 아이는 대답합니다.

"우리 아빠는… A8!"

회사 사정이 어려운 한 사업가가 지인의 초대로 한 모임에 참여하게 되었는데, 도착해서 보니 상류층의 사교 모임이었습니다.

그들이 서로의 비즈니스를 소개하며 인사를 나누는 모습을 보고 그는 순간적으로 직감합니다.

'여기선 명함도 못 내밀겠는걸…'

때마침 누군가가 그에게 인사를 건네옵니다.

그때부터 그는 최선을 다해 자신의 사업체를 과장하여 자신을 소개합니다.

자기 회사의 연 매출을 실제 매출보다 수십 배 더 부풀리고, 받은 적도 없는 싱가포르 기업의 투자 유치를 운운하며 꽤 탄탄한 기업인 것처럼 포장합니다.

방금 말씀드린 두 사례에서 표면적으로 드러난 이슈는 '거짓말'입니다. 하지만 거짓말의 뿌리를 들여다보면 더 많은 것들이 보입니다.

아이와 사업가는 왜 거짓말을 했을까요?

인간은 다른 사람들과 인간관계를 맺고 싶어 하는 사회적 동물로, 집단에 소속되고자 하는 욕구가 있습니다. 아이와 사업가 역시 사회적 욕구가 발휘되어 집단에 안전하게 소속되려면 그들과 동떨어진 존재가 되어서는 안 된다고 판단했을 겁니다.

여기에 '솔직하게 이야기했다가는 무시당할 것'이라는 생각까지 더해져, 자신을 집단으로부터 보호하고자 하는 보호 본능이 작동하는 과정에서 거짓말을 하게 됩니다.

이러한 인간의 자기 보호 본능은 다양한 방식으로 표출됩니다.

직장인 A는 자기보다 실적이 좋고 동료들에게 인기가 많은 후배 B로부터 늘 위기감을 느껴왔습니다. 때마침 A에게 사업 계획을 발표할 기회가 생겨 자신의 능력을 제대로 보여주겠다고 다짐합니다. 그는 사업 계획서를 수십 번 검토하고 수정한 끝에 피피티의 완성도가 높아졌고, 자신감에 찬 A는 그 어느 때보다 열정적으로 발표합니다. 그런데 발표가 끝나자, 후배 B가 날카로운 질문을 날립니다. 그 순간 A는 격노하여 후배 B에게 공격적으로 쏘아붙입니다.

분명 침착하게 대응할 수도 있었던 상황인데, A는 왜 그렇게 날을 세웠을까요?

A는 평소 자신보다 뛰어난 후배 B의 그늘에 가려 타인에게 인정받고 싶은 욕구가 결핍되어 심적으로 불안정한 상태였기 때문에 후배 B의 사소한 질문에도 위협을 느꼈고, 그 위협으로부터 자신을 보호하기 위해 '공격성'이 발동된 것입니다.

누군가 제 유튜브 영상에 저를 비난하는 댓글을 달았습니다. 저는 그 댓글을 보는 순간 기분이 나쁘지만, 상대방의 의견에 수긍하며 그 어느 때보다 친절하게 답글을 남깁니다. 이 또한 상대방의 추가 비난을 막기 위한 자기 보호적 행동입니다.

여행지에서 구글 맵이 가리키는 방향으로 향하지 않고, 마음이 내키는 길로 가다가 한 시간을 더 헤맨 끝에 겨우 행선지에 도착했습니다. 옆에 있던 친구들의 비난이 쏟아지자, 저는 이렇게 답합니다.

"평소에 운동도 잘 안 하는데 이럴 때 운동하는 거지. 이런 게 여행의 묘미 아니겠어?"

이런 '합리화' 역시 여행지에서 불필요한 시간과 에너지를 낭비한 것에 대한 죄책감으로부터 자신을 보호하기 위한 행동입니다.

인간의 자기 보호 본능은 물리적인 행동으로도 이어집니다.

밤늦은 시간에 자신도 모르게 발걸음이 빨라지는 것도, 익숙하지 않은 환경에 불편함을 느끼고 서둘러 그곳을 벗어나려는 행동도 자기 보호를 위한 본능적인 행동입니다.

이처럼 인간은 거짓말, 공격성, 수긍, 합리화 등 다양한 방식으로 끊임없이 자신을 보호합니다. 인간의 자기 보호 본능은 사회적 본능이자 생존 본능입니다.

9

이성이 본능을 지배하는 사이

제가 세상에 태어났을 땐 인간의 모습을 한 작은 동물이었습니다. 제가 하는 일이라곤 먹고, 싸고, 자는 일밖에 없었죠. 말도 할 줄 몰라 오직 울음으로만 부모님과 소통했습니다. 배고파도 울고, 배변 후 찝찝해도 울고, 더워도 울고, 졸려도 울었습니다.

시간 개념도 없어서 밤낮을 구분하지 못해 새벽에도 두세 시간 간격으로 배고프다고 울어대며 엄마의 밤잠을 빼앗았습니다.

그렇게 수개월이 지난 뒤에야 그동안 엄마한테 셀 수 없이 들어온 한 단어를 겨우 입 밖으로 내뱉었습니다.

'어…엄므아아아!'

아무도 못 알아들을 만한 괴상한 발음인데도 엄마는 드디어 제가 말하기 시작했다고 손뼉을 치며 기뻐하셨고, 태어난 지 일 년이나 지나 걸음마를 시작했을 땐 한껏 들떠 동네방네 자랑하셨습니다.

사실 저는 그 시절이 기억나지는 않지만, 한 가지 분명한 건 그 당시에 제겐 이성 따위는 존재하지 않았다는 것입니다. 그 무엇도 고민하거나 결정하지 않아도 되는, 아무런 근심 걱정 없이 생리적 욕구에만 충실했던 비이성적인 시기였습니다.

그런데 시간이 흐르며 제가 점차 인간이 되어갔습니다.

저의 행동 하나하나에 생각이 많아졌습니다.

아기 땐 조금만 불편한 사람을 만나도 하늘이 떠나가라 울어대며 엄마 품에 안겼고, 좋아하는 사람을 보면 방긋 웃으며 마냥 좋아하기만 했는데, 성인이 되니 이성(理性)이 상대방을 대하는 태도를 결정했습니다.

이성적 판단에 따라 불편한 사람 앞에서도 불편함을 내색하지 않은 채 환한 미소를 지었고, 마음이 반기는 사람을 만나도 상황에 따라 무덤덤하게 대화를 이어갔습니다.

생각이 많아지기 시작하며 인간관계에서 타인의 시선을 지나치게 의식하였고, 필요 이상으로 자기 검열을 강화하였으며, 믿을 수 있는 사람과 그렇지 않은 사람을 냉철하게 구분했습니다.

그나마 학창 시절엔 공부하는 것 외엔 '내키는 대로의 삶'을 지향할 수 있어서 친구들과 즉흥적으로 학원을 빼먹고 놀러 가기도 했지만, 일을 시작하면서부터는 마음이 내키는 대로 할 수 있는 일이라곤 저녁 메뉴를 선정하는 정도였고, 때론 이조차도 상대방을 배려하고자 하는 이성(理性)이 먼저 움직여 상대방에게 선택권을 넘겼습니다.

언젠가부터 '끌리는 대로', '본능이 이끄는 대로', '마음이 내키는 대로'가 '무책임'과 대치되며 저를 억눌렀습니다. 그도 그럴 것이, 재고 따지는 계산이 제대로 이루어지지 않으면 누구도 설득하기 어려웠고 일이 진행되지 않았습니다. 자본주의 사회에서 수지타산을 생각하지 않고 그저 해맑게 '마음이 끌리는 대로' 사업 제안서를 작성했다간 아무도 투자하지 않을 것이고, 직장에선 상사한테 퇴짜 맞기 십상입니다. 그렇다고 해서 항상 객관적인 근거에 생각이 치우쳐 있다 보면 인간 내면의 커다란 울림인 '영감'과 '직감'은 서서히 죽어가게 됩니다. 인간관계 또한 목적 중심의 만남이 많아지고, 하고 싶은 일보다 해야 하는 일에 집중하며 이성이 마음을 지배하는 사이 우리는 마음의 소리에 귀 기울이는 법을 잊었습니다.

인간은 머리로만 사는 것이 아닙니다. 세상에는 아무리 머리를 굴려도 해결할 수 없는 일투성이니까요. 때론 머리가 해내지 못한 일을 마음의 울림으로 해결하기도 합니다.

사람을 대할 때도 머리가 아닌 마음으로 다가갈 때 상대방의 마음을 열 수 있고, 계산적인 조건보다 진심을 담은 배려의 한마디가 거래를 성사시키기도 합니다.

머릿속이 늘 바쁜 현대인들은 이성(理性)에 눌려 자신이 진정으로 원하는 것이 무엇인지, 어떤 욕구가 억눌리고 있는지 모르고 있다가 우울증과 번아웃으로 치닫는 부작용을 경험합니다.

번아웃은 일에 몰두하던 사람이 과도한 스트레스로 인해 극도의 피로감을 느끼는 정신적 탈진 상태를 의미합니다. 요즘은 조금만 힘들어도 '번아웃'이라고 외치는 남용자가 많아져 위험성이 간과되는 경우가 있는데, 사실 번아웃은 매우 심각한 문제입니다.

강북삼성병원 기업정신건강연구소 오대종 교수와 정신 건강 의학과 전상원·조성준 교수 연구팀은 다양한 직업군의 직장인들에게서 번아웃과 자살 사고 간의 연관성을 조사한 결과, 번아웃을 겪는 직장인의 자살 사고 위험성이 최대 77%까지 증가한다고 밝혔습니다.

사람의 목숨을 뒤흔드는 번아웃의 원인을 비단 '일이 많아서', '과로해서'라고만 단정 지으면 안됩니다. 업무 피로도가 높다고 해서 모든 사람이 정신적 탈진 상태를 겪는 것은 아니니까요. 제 주위에는 '일이 늘 산더미처럼 쌓여 있는데도 어쩜 이렇게 긍정적이지?'라는 의문이 드는 사람이 꽤 많습니다. 그들은 늘 막대한 업무량에 시달리는 듯해 보이지만, 자세히 들여다보면 내적 욕구가 중시되는 삶을 살고 있습니다. 그들은 각박한 일상에서도 어릴 때처럼 '끌리는 대로'의 욕구를 실현하고 있습니다. 그들은 내적 욕구를 자신의 업과 일치시키는 방법을 취하기도 하고, 그러지 못할 경우에는 일주일에 한두 번이라도 자신의 욕구를 완전히 채워줍니다. 쉬는 날만큼이라도 내면의 울림에 따라 행동하는 것이지요.

누구에게나 마음이 바라는 내적 욕구는 존재합니다. 그저 늘 머리가 먼저 움직이고 마음의 여유가 없는 현대인에게 간과되기 쉬울 뿐입니다.

우리에겐 이성을 내려놓는 시간이 필요합니다. 일주일에 단 하루라도 신생아가 되어 마음의 울림에만 집중하면 그동안 이성(理性)으로부터 억눌려 있던 내적 욕구를 만나게 될 것입니다. 더는 이성의 그늘에 가려진 본능의 울림을 간과하지 않길 바랍니다.

10

당신도 욕구 불만

'욕구 불만'은 우리가 느끼는 것보다 우리의 일상에 깊숙이 스며들어 있습니다.

현대인들은 수개월째 다이어트하느라 시도 때도 없이 꼬르륵거리는 배를 움켜쥔 채 물만 벌컥벌컥 마시며 '식욕'을 억제하기도 하고, 매일 정신없는 일과를 견뎌내느라 카페인 음료를 몇 잔씩 마셔가며 '수면 욕구'를 억누르기도 합니다. 게다가 뉴스에서 흉악 범죄를 접할 때마다 두려움에 사로잡히지만, 다음 날이면 어김없이 출근하며 '안전 욕구'가 침해당하고, 1인 가구 증가와 더불어 혼술, 혼밥 문화가 일상에 자연스럽게 스며들며 무리에 소속되고자 하는 '소속 욕구' 또한 억제되고 있습니다.

현대인들의 '혼자가 가장 편하다'라는 생각은 타인에게 먼저 마음을 열거나 사랑받고자 하는 '사랑의 욕구'를 억누르고, 타인의 시선과 사회적 기대치에 쫓겨 자신이 원하는 것을 스스로 결정하지 못하는 동안 '자율성의 욕구' 또한 침해당합니다.

직장에서 죽어라 일해도 '수고했다.'라는 말 한마디를 듣지 못하는 것이 일상이 된 현대 사회에서는 타인에게 인정받고자 하는 '인정 욕구' 또한 채워지기 어렵고, 자본주의 사회에서 살아남기 위해 적성에 맞지 않는 일도 마다하지 않고 쳇바퀴 같은 일상을 견뎌내느라 '자아실현'을 잊은 지 오래입니다.

방금 소개한 욕구 불만의 사례가 우리에겐 그저 평범한 일상일 뿐이기에 '이게 뭐가 문젠가?' 싶을 수도 있겠지만, 인간의 욕구가 지속해서 억제되면 심각한 부작용을 낳을 수 있습니다.

식욕이나 수면욕 같은 생리적 욕구는 인간의 원초적 본능으로, 이것이 충족되지 않았을 때 육체와 정신이 모두 피폐해진다는 것을 우리 모두 잘 알고 있습니다. 며칠만 잠을 설쳐도 집중력이 급격하게 떨어지고 예민해지는 경험은 누구나 한 번쯤 겪어보았을 겁니다.

그나마 이러한 생리적 욕구는 미충족 시 우리에게 강하게 신호를 보내주기도 하고, 자신의 의지로 케어가 가능하지만, 사회적 욕구는 다른 이야기입니다.

사회적 욕구가 충족되지 않을 경우 외적으론 큰 문제가 없어 보일 수 있지만, 정서가 불안정해져 우울증으로 이어지기 쉽고, 분노를 컨트롤하기 어려워져 예상치 못한 순간에 분노가 치솟을 수 있습니다. 게다가 사회적 욕구 불만은 마녀사냥으로 이어져 타인을 해할 수도 있습니다. 마녀사냥의 대표적인 예로 온라인 기사나 영상에 달리는 악플이 있습니다. 사회적 욕구가 충족된 사람은 타인의 일에 그렇게 죽기 살기로 악성 댓글을 달지 않습니다. 건강한 사회적 관계를 유지하기도 바쁠 테니까요.

그렇다고 비난 자체가 잘못됐다는 것은 아닙니다. 누군가 잘못을 하면 비난할 수도 있습니다. 그런데 댓글을 읽다 보면 잘못한 행동만을 지적하는 것이 아니라 비이성적인 욕설과 인신공격도 서슴지 않는 모습을 볼 수 있습니다. 사회적 욕구가 건강하게 채워지지 않으니, 익명성이 보장된 온라인에서 타인을 공격하며 충동적으로 분노의 감정을 표출하는 것입니다.

평소에 자신의 이야기를 들어주는 사람도 없고, 직장에서도 인정받지 못하는 억울함투성이인 사람이 온라인에서만큼은 사람들이 자신의 댓글을 읽고 반응해 주니, 더 자극적이고 공격적인 댓글을 다는 것이지요.

앞으로 개인주의가 심화됨에 따라 사회적 욕구 결핍이 더욱 심각해질 수 있습니다. 그나마 희망적인 건 자신의 상태를 인식하는 것만으로도 큰 도움이 된다는 것입니다.

비록 자신의 직장이나 가정 환경 등의 거대한 틀은 바꿀 수 없지만, 누구나 의지만 있으면 일상에서 충분히 사회적 욕구를 보충할 기회를 만들 수 있습니다. 저 역시 일하면서 충족되지 않는 사회적 욕구를 다양한 모임 활동을 통해 충전시키고 있습니다.

만약 여기까지 읽고 '사회적 욕구 결핍? 나한텐 해당되지 않는데?'라는 생각이 든다면 아래 질문에 답변해 주시기 바랍니다.

"매일 누군가에게 자신의 가치를 인정받고 있나요?"

"모든 일은 자기 스스로 결정하고 있나요?"

"지금의 인간관계에 100% 만족하고 있나요?"

성인이 되어 매일 누군가에게 인정받고, 모든 일을 자율적으로 결정하고, 완전한 소속감을 느끼는 일은 결코 쉬운 일이 아닙니다.

사람마다 정도의 차이는 있지만, 사회적 욕구 결핍은 우리 모두에게 해당될 수 있음을 기억하시길 바랍니다.

11

원초적 공포, 죽음

저는 어릴 때부터 가끔 죽음에 대해 생각했습니다. 아, 그렇다고 제가 자살을 생각했다는 것은 아닙니다. 그저 '나는 어떻게 죽을 것인가?', '죽을 때 무슨 생각이 들까?', '사후 세계는 정말 존재하는 것일까?' 정도의 생각을 할 뿐입니다.

그런데 매번 죽음에 대해 생각할 때마다 한 가지 떼려야 뗄 수 없는 감정이 있습니다. 그것은 바로 막연한 두려움입니다.

그렇다면 사람은 왜 죽음을 두려워하는 것일까요?

첫 번째는 불확실성 때문입니다. 인간은 불확실성에 대한 두려움을 가지고 있는데, 인생에서 죽음만큼 불확실성이 강한 존재는 없습니다. 세상에 자신이 언제 어떻게 죽을지 정확하게 아는 사람은 없으니까요.

두 번째는 생존 본능에 위배되기 때문입니다. 인간의 본능을 거스르는 상황은 우리를 불편하게 만듭니다. 하물며 며칠간 몸살만 앓아도 정신이 혼미해지고 온몸에 힘이 다 빠지는데, 죽음은 생명을 아예 단절시키는 것이니, 생각만 해도 마음이 불편해집니다.

저는 어릴 때 친구가 저의 눈앞에서 사고로 죽는 것을 목격했습니다. 당시엔 제가 너무 어려서 죽음에 대한 개념이 없었습니다. 고작 다섯 살 아이가 죽음을 이해한 건 어른들에게서 들은 "친구가 하늘나라에 갔어."라는 정도가 전부입니다.

그런데 저는 중학생이 되고, 고등학생이 되고, 성인이 되어도 친구의 사고 현장이 잊히지 않았습니다. 매년 은행 나뭇잎이 날리는 가을이 오면 친구의 죽음을 생각했습니다. 아주 오랜 세월이 흘렀지만, 친구의 사고 현장을 목격한 저에게 있어서 죽음은 '공포' 그 자체였습니다.

그런데 죽음을 다른 시각으로 바라보게 된 계기가 있습니다.

서른여섯 젊은 나이에 폐암에 걸려 어린 딸과 아내를 남겨두고 세상을 떠난 신경외과 의사 폴 칼라니티의 생애를 접하며 처음으로 죽음의 숭고함을 생각할 수 있었습니다.

폴 칼라니티는 신경외과 레지던트로 인정받으며 승승장구하다 레지던트 마지막 1년을 앞두고 폐암 4기 판정을 받습니다. 보통 자신의 생명이 위협받는 상황에선 두려움과 상실감에 빠지기 쉬운데, 그는 묵묵하게 레지던트 생활을 이어가며 마지막 순간까지 혼신을 다해 생명을 살리다 떠났습니다. 죽음을 목전에 두고도 죽어가는 대신 살아가는 것을 택한 폴의 생애를 통해 죽음에 대한 성숙한 태도를 배웠습니다.

죽음은 누구에게나 공평합니다. 아무리 똑똑해도, 건강해도, 돈이 많아도 죽음을 비껴갈 수는 없습니다. 죽음은 언제든 누구에게나 찾아올 수 있지만, 우리는 이러한 불편한 사실을 외면한 채 살아가고 있습니다. 하지만 죽음을 깊이 있게 들여다보기 시작하면 우리의 삶에 커다란 변화가 생길 수 있습니다.

자신이 내일 죽을 수도 있다고 생각한다면 오늘 하려던 일을 내일로 미룰 수 있을까요?

오늘이 우리 생애의 마지막 날이라면 누군가를 미워하고 원망하던 감정을 계속 유지할까요?

부모님이 언제든 돌아가실 수 있다고 생각하면 지금처럼 무뚝뚝하게 전화를 끊을까요?

우리의 일상을 들여다보면 그다지 중요하지도 않은 사람과 불필요한 일에 얽혀 시간과 에너지를 낭비하느라 정말 소중한 것들이 간과될 때가 많습니다.

죽음은 생명이 소멸하는 것 이상의 의미를 가지고 있습니다.

만약 죽음에 대해 깊게 생각하고 죽음을 대하는 태도가 성숙해진다면, 시간의 유한성을 직시함과 동시에 인생에서 가장 중요한 것들만 남기게 될 것입니다.

　죽음은 두려움의 대상이 아니라 통찰의 대상입니다.

제 2 장

변하지 않는 세상

인간사는 반복된다

　세상이 하루가 다르게 변해가고 있습니다. 인류는 지속적인 혁신과 발전을 거듭하며 과거에는 상상도 할 수 없었던 편리함과 경제적 풍요를 누리고 있습니다. 스마트폰 하나로 모든 것을 해결할수 있는 시대가 되었고, 인공지능은 날이 갈수록 완성도가 높아지더니 이젠 무서울 지경입니다. 그런데 참 아이러니하게도 세상은천지개벽을 할 정도의 변화가 일어났지만, 여전히 과거는 반복되고 있습니다.

　· 신분 제도는 과거에만 존재하던 것일까요?
　· 범죄는 왜 사라지지 않는 걸까요?

· 참사는 왜 반복되는 것일까요?

· 전쟁은 왜 계속되는 것일까요?

세상이 변해도 인간사의 뿌리가 변하지 않는 이유는 바로 '인간의 본질'이 변하지 않기 때문입니다.

사람들은 이야기합니다.

'급변하는 트렌드를 따라가지 못하면 뒤처질 수밖에 없다고.'

그래서 현대인들은 시시각각 변해가는 세상을 쫓느라 앞만 보며 달립니다.

사람들은 두려워합니다.

'앞으로 어떻게 살아야 할지 막막하다고.'

세상의 변화 속도를 따라가기는 버겁고, 그렇다고 손 놓고 있자니 불확실성으로 가득한 미래가 두렵기만 합니다.

사람들은 생각합니다.

'미래의 단서는 변화에서 찾아야 한다고.'

그런데 급변하는 세상에서 미래를 대비하기 위한 단서를 모으려니 참으로 어렵습니다.

필자는 생각합니다.

'쫓기듯 앞만 보며 달려야 하는 세상일수록 본질을 돌아봐야 한다고.'

필자는 강조합니다.

'과거부터 반복되는 인간사는 미래와도 연결되어 있다고.'

이번 장에서 말씀드릴 과거부터 현재까지 반복되고 있는 인간사의 본질을 통해 불확실성으로 가득한 미래의 단서를 찾을 수 있길 희망합니다.

2

참사는 왜 반복되는가?

안전 공학에 '하인리히의 법칙(Heinrich's law)'이 있습니다. 이는 허버트 W. 하인리히가 산업재해 7만 5,000건을 분석한 결과, 한 건의 큰 재해가 발생하기 전에 같은 원인으로 수십 차례의 경미한 사고와 수백 번의 징후가 나타난다는 것을 뜻하는 통계적 법칙입니다.

1995년 대규모의 인명 피해를 야기한 삼풍백화점 붕괴 사고와 그로부터 약 20년 뒤 발생한 세월호 침몰 사고는 모두 하인리히의 법칙에 적용됩니다.

삼풍백화점이 붕괴된 시점은 1995년이지만, 문제의 발단은 1986년으로 거슬러 올라갑니다. 원래 삼풍백화점이 위치한 곳은 공동주택용 부지였으나, 상업용지로 불법 용도 변경을 한데다, 애초에 지상 4층, 지하 4층으로 설계된 건물임에도 삼풍백화점 측은 제멋대로 한 층을 더 올려버립니다. 이렇게 애초부터 잘못된 설계와 시공, 유지 관리 등 문제가 쌓이고 쌓여 건물이 붕괴되기 두 달 전부터 5층 식당가의 천장에 금이 가기 시작하였고, 그로부터 한 달 뒤에는 균열이 더욱 심해지자 관리자는 그제서야 전문가를 불러 건물 검사를 실시합니다. 검사 결과 '건물이 붕괴될 위험이 있다.'라는 진단을 받았음에도 백화점 측은 어떠한 조치도 취하지 않았습니다. 게다가 건물이 붕괴되기 하루 전부터 이미 A동 옥상에서는 무게를 이기지 못한 옥상 바닥이 기둥과 분리되면서 천천히 내려앉기 시작하였고, 참사 당일에는 아침부터 5층 식당가 천장에서 물이 쏟아지고 바닥이 내려앉으면서 식당이 기울어지고, 조리대가 넘어지는 등 곳곳에서 붕괴 조짐이 드러났습니다. 만약 백화점 붕괴 당일 아침 곳곳에서 드러난 붕괴 조짐을 간과하지 않고 영업을 즉시 중단했다면, 건물은 무너졌을지언정 무고한 생명이 희생되는 일은 없었을 겁니다.

이로부터 오랜 세월이 지난 뒤, 분명 과거보다 안전 관리 시스템이 강화됐음에도 불구하고 또다시 가슴 아픈 참사가 발생합니다. 바로 세월호 침몰 사고인데요. 세월호 역시 하인리히의 법칙에 예외가 아닙니다. 세월호는 수입할 당시 18년이나 된 중고선이었습니다. 게다가 과거에 일본에서 이미 개조 작업을 통해 총톤수를 늘려놓은 상태였음에도, 세월호는 청해진해운에 매각된 뒤에 총톤수와 탑승 가능 정원을 한 차례 더 늘렸습니다. 심지어 사고 발생 일여 년 전 제주항에 도착해 화물을 부리다 선박이 10도 이상 기운 적도 있고, 해양 경찰의 특별 점검에서 배가 침수됐을 때 물이 들어오지 않도록 막아주는 수밀문의 작동 등이 불량하다는 평가를 받았으며, 사고 2주 전에 조타기 전원 접속에 이상이 있었음에도 근본적인 원인을 해결하지 못한 채 선박은 계속해서 운행되어 왔습니다. 분명 이로부터 21년 전에 292명의 사망자가 발생한 서해훼리호 침몰 사고를 통해 과적·과승의 위험성을 충분히 인식하고 있었음에도 불구하고, 세월호는 한국선급이 권고한 사항을 지키지 않고 화물을 과적했습니다.

이 두 참사 모두 사고 발생 전 숱한 징후가 있었음에도 대비가 제대로 이루어지지 않았습니다. 삼풍백화점의 무리한 증축과 세월호의 과승·과적을 위한 개조 작업 이면에는 인간의 탐욕이 깃들어 있습니다. 그들은 자신들의 이익을 위해 시작부터 잘못된 설계를 하였고, 탐욕에 눈이 멀어 기본조차 지키지 않았으며, 사고 전 징후를 철저하게 묵살하였습니다.

안전사고는 한 가지의 원인만으로 발생하는 것이 아닙니다.

시스템 결여, 작업자의 실수, 설비 결함, 천재지변과 같은 외적 요인과 '나는 괜찮겠지!' 하는 이기적 예외주의, 사고가 터진 후에야 수습하려는 뿌리 깊은 관성, 안전 교육과 관리 시스템을 그저 형식적으로만 생각하는 낮은 안전의식 수준 등의 내적 요인이 쌓이고 쌓여 참사로 이어지는 것입니다. 그리고 사고 발생 전 숱한 징후에도 잘못된 선택을 반복하는 이유는 자신의 편의와 이익을 위해 타인의 안위 따위는 조금도 생각하지 않는 인간의 '이기심' 때문입니다. 인간의 '이기심'이 '이타심'을 지배하는 본질적인 문제가 해결되지 않는 한 참사는 앞으로도 계속될 것입니다.

지금도 안전사고는 끊임없이 일어나고 있습니다. 요즘같이 기술이 발달한 시대에도 붕괴 사고가 잇달아 일어나고 있다는 사실은 믿기 어렵습니다. 한국산업안전보건공단 홈페이지에서 업종별 산업 재해 사례를 확인할 수 있는데, 지속해서 발생하는 안전사고의 유형을 사전 예방하지 못하는 현실이 안타깝기만 합니다.

인력(人力)으로 모든 안전사고를 완벽하게 통제하는 건 어려운 일입니다. 왜냐하면 천재지변의 요인은 둘째치더라도 사람이 하는 일에는 늘 실수가 생기기 마련이니까요. 하지만 모두가 안전사고에 대한 경각심을 가지고 작업에 임하여 익숙한 업무라도 거듭 점검하고, 기업의 이익보다 사람들의 안위가 더 중시되고, 작은 징후에도 모두가 소리 높여 적극적으로 대처한다면 안전사고를 최소화할 수 있지 않을까 생각됩니다.

시대가 변해도 반복되는 안전 사고, 이제는 그 뿌리를 들여다보아야 할 때입니다.

3

과거의 신분 제도는 사라졌을까?

　과거에는 신분 제도가 있어서 평생 신분의 장벽을 넘어설 수 없었습니다. 노비의 자녀로 태어나면 아무리 영특한 아이라도 과거에 응시할 수 있는 자격이 주어지지 않았고, 평생 주인의 지시에 따라 노동을 해야 했습니다. 반면 양반은 인격이 아무리 개차반이라도 양반가에서 태어났다는 이유 하나만으로 사람들에게 대접받으며 나라의 녹을 먹는 관리로 성장했습니다.

　오늘날에는 출생이 운명을 결정하는 신분 제도는 없어졌지만, 대신 돈으로 계급이 나뉘는 세상이 되었습니다. 우리가 우스갯소리로 이야기하는 "쟤 금수저래!", "나는 흙수저야!"라고 정의하는 것도 은연중에 돈으로 계급을 나누는 행위입니다. 단지 과거에는 신분을 '양반', '양민', '천민'으로 나누었다면, 현시대에는 소득 수준에 따라 '상류층', '중산층', '빈곤층'으로 구분한 것뿐입니다.

대부분의 재벌 2세 드라마에서 가난한 여주인공이 환영받지 못하는 것 또한 여전히 신분의 벽이 존재한다는 것을 보여줍니다. 다소 식상할 법도 한데, 과거부터 지금까지 드라마에 재벌 소재가 빠지지 않는 것도, 여성 시청자들이 드라마 속 백마 탄 왕자에게 열광하는 것도, 국내 최상류층이 거주하는 집을 소개하는 부동산 유튜브가 흥행하는 것도, 재벌이 결혼식 하객 의상으로 입고 든 옷과 가방이 순식간에 품절 대란이 일어나는 것도 이 사회에는 선망받는 계급이 존재한다는 것을 의미합니다.

결국 시대를 표현하는 포장지만 바뀌었을 뿐, 인간사의 뿌리는 변하지 않았습니다.

이러한 현대판 신분 제도는 우리 사회에 어떠한 차별을 낳았을까요?

다음 장에서 이어서 말씀드리겠습니다.

4

현대판 유전무죄, 무전유죄

조선시대에는 법률과 사법 체계를 갖추고 있었고, 법의학 지침서인 '신주무원록(新註無冤錄)'과 검시를 담당하는 전문가 '오작인'이 있었기 때문에 나름 전문적인 범죄 수사가 가능했습니다. 그러나 현실은 신분 계급, 권력의 유무, 성별에 따라 법의 적용이 달랐고, 수사와 재판 담당자의 비리로 백성들은 부당한 차별을 당해야만 했습니다. 이 시대에는 인간의 존엄성이나 평등 따위는 상상도 못 했으니까요. 힘없는 백성들에게 법은 그저 특권층의 횡포였을 뿐이었습니다. 그렇다면 그로부터 약 백 년이 지난 뒤에는 사법의 빈부 차별이 사라졌을까요?

1988년 서울 영등포교도소에 수용됐던 12명의 미결 수용자가 호송 도중 교도관들을 흉기로 위협하여 집단 탈주한 사건이 있습니다. 탈주범들은 뿔뿔이 흩어졌고, 이 중 지강헌 일당 4명은 가정집에 침입하여 인질극을 펼쳤습니다. 당시 인질극 중 지강헌이 세상에 외친 '유전무죄, 무전유죄'는 지금까지도 사람들에게 회자될 만큼 사회적으로 큰 반향을 일으켰습니다.

'유전무죄, 무전유죄'는 돈이 있으면 죄가 없고, 돈이 없으면 죄가 있다는 의미로, 같은 범죄를 저질러도 재력과 권력에 의한 사회적 계급에 따라 처벌이 달라진다는 부조리한 사회를 비판하는 말입니다. 탈주범 지강헌의 죄목은 약 556만 원을 절도한 것이었는데 그가 받은 형량은 징역 17년이었던 반면, 전두환의 동생 전경환은 수백억 원의 횡령을 저질렀음에도 재판부에서 인정한 횡령금은 76억 원에 그쳤으며, 그가 받은 처벌은 고작 징역 7년이었고, 그마저도 3년 만에 석방되었습니다.

그런데 그들의 무절제한 외침으로부터 30년이 지난 지금, 우리는 어떤 세상에 살고 있나요?

일용직으로 생활을 이어오던 한 40대 남성이 코로나19 사태로 일자리를 구하지 못해 열흘 이상 굶주리다 개당 300원에 판매되던 구운 달걀 18개를 훔쳐서 달아난 사건이 있습니다. 그는 과거에 전과가 있다는 이유로 징역 1년 6개월을 구형받게 됩니다. 반면에 재벌 총수들은 수천억대의 분식 회계, 배임, 탈세, 비자금 조성 등의 비리를 저질러도 '3·5의 법칙'으로 보호받고 있는 것이 현실입니다. 이 법칙은 '징역 3년, 집행 유예 5년'을 의미하는데요. 현행법상 징역형이 3년 이하일 때만 집행 유예 선고가 가능하다는 것을 고려하여, 법원이 특권층에게 징역형을 3년 이하로 선고하고 이와 동시에 집행을 유예하여 석방하는 특혜를 의미합니다.

자본주의 사회는 돈이 곧 힘이 되는 세상을 만들었고, 4차 산업 혁명으로 인해 빈부 격차가 더욱 커질 것으로 예상되는 가운데, 사법의 빈부 차별 또한 지속될 여지가 충분합니다.

하지만 과거와는 달리 국민이 자유롭게 목소리를 낼 수 있는 세상이 되었고, 국민들의 깊은 관심과 사회 지도층의 굳은 의지, 제도 개선이 적극적으로 이루어진다면 '법 위에 사는 사람'이라 불리는 특권층의 날개는 꺾을 수 있지 않을까요?

유전무(無)죄가 유전유(有)죄가 되는 유무전불문평등(有無錢不問平等)한 세상이 되길 기원합니다.

5

양극화는 영원한 것인가?

세상에는 믿을 수 없는 삶을 살아가는 사람들이 많습니다.

여기서 말씀드리는 '믿을 수 없는 삶'이란 안타깝게도 긍정적인 의미는 아닙니다.

'빈곤과 공동 번영(Poverty and Shared Prosperity) 2022'이라는 세계은행이 공개한 보고서에 따르면, 코로나19 여파로 전 세계 극빈곤층의 수가 역대 최대인 7,000만 명으로 늘어난 상황이며, 전 세계 80억 인구 중 8억여 인구가 식량난으로 굶어 죽어가고 있습니다.

요즘같이 먹거리가 풍요로운 세상에서 기아로 목숨을 잃는 사람이 이렇게 많다는 사실이 좀처럼 믿기지 않지만, 극빈곤층의 삶은 우리가 상상하는 것보다 훨씬 더 처참합니다. 영국의 저널리스트 로즈 조지의 저서 『5리터의 피(Nine Pints)』에 이렇게 소개되어 있습니다. 인도 여성들은 생리대를 구하지 못해 양말, 신문, 모래, 톱밥, 비닐봉지, 찢어진 포대 자루, 나뭇잎을 사용하기도 하며, 생리를 시작하면 학교를 그만두는 경우도 있습니다. 놀랍게도 이와 유사한 상황은 2016년에 한국에서도 발생합니다. 생리대 가격이 해마다 인상되자, 여학생들이 신발 깔창을 화장지로 둘둘 싸 생리대로 사용한 사건이 있었죠. 이뿐만 아니라 한 연구진이 케냐 서부 시골 지역의 여성과 소녀 3,418명을 조사한 결과, 15살에는 10명 중 한 명이 성매매하여 생리대를 산다고 답하였고, 가나에서는 생리대를 얻기 위해 성매매를 하다 임신한 여학생이 수백 명에 달합니다.

누군가는 끼니마다 넘치도록 챙겨 먹으면서 하루에도 수천만 원의 쇼핑을 즐기며 살아가고 있지만, 또 누군가는 슬럼가에서 폭우에 집이 잠길까 전전긍긍하며 매일의 끼니를 걱정하면서 살아가고 있습니다.

옥스팜에서 발표한 부의 불평등에 관한 보고서 〈슈퍼 리치의 생존〉에 따르면, 상위 부유층의 1%는 2020~2021년 사이에 새롭게 창출되는 부의 약 63%를 획득했습니다. 약 1조 3천억 원 이상을 보유한 억만장자의 재산은 매일 27억 원씩 증가하고 있지만,

전 세계 17억 명의 노동자는 임금 상승률이 인플레이션에도 미치지 못하고 있는 수준입니다.

세상이 엄청난 발전을 이루어도 양극화 현상은 어쩔 수 없는 것일까요?

빈부 격차는 인간의 탐욕에서부터 기인되었습니다. 인류의 역사를 보면 사람들은 부유해질수록 더 큰 부를 갈망하게 됩니다. 고소득·고액 재산가는 끊임없이 재산을 불리는 방법을 찾고, 돈이 돈을 버는 시스템을 구축하여 부의 증식 속도 역시 빠릅니다. 반면 저소득층은 재산을 증식하기 위해 가용할 수 있는 자산의 범위가 제한적이며, 인적 네트워크가 부족하여 정보와 기회가 적습니다. 게다가 4차 산업 혁명으로 인해 단순 노무자의 일자리가 사라지면서 대규모 실업 사태를 야기하여 양극화는 더욱 심화될 것으로 예상됩니다.

인간의 욕망은 타인과 함께 더불어 잘 사는 사회를 만들기보단, 끊임없는 경쟁을 야기하여 '나만 잘 살면 되는 세상'을 만들었습니다. 거기에 자본주의가 탐욕을 부추기는 데 한몫하였고요. 인간의 탐욕은 전쟁, 경쟁, 갈등을 끊임없이 빚어내고 있습니다. 세상이 변해도 인간의 욕망은 변하지 않습니다. 이러한 인간의 본성이 뿌리 깊게 남아 있는 한 세상이 아무리 발전해도 양극화 현상은 지속될 것입니다.

6

고래 싸움에 국민 등 터진다

2019년 7월, 일본 아베 정권의 일방적인 수출 규제와 화이트 국가 목록에서 한국을 제외한 일에 맞서 우리나라 국민들은 자발적으로 일본 상품 불매 운동을 시작합니다. 이로 인해 늘 북적이던 유니클로는 파리만 날렸고, 불티나게 팔리던 일본 맥주는 폐기 처분 신세를 면치 못하게 됐습니다. 그런데 불매 운동이 일본 기업에만 타격을 입힌 것은 아닙니다. 당시 저는 국내의 한 일본 식품 수입업체로부터 연신 하소연을 들었는데, 그 안타까움은 이루 말할 수 없었습니다.

수입업체 대표: "일본 식품이 국내 물류 창고에 입고된 지 얼마

안 됐는데, 이번 불매 운동 때문에 유통 채널마다 발주를 전부 취소하겠다네…"

필자: "물량이 얼마나 되는데요?"

수입업체 대표: "다섯 컨테이너… 혹시 이거 대만이나 중국으로 수출할 방법이 없을까?"

필자: "제가 한번 알아볼게요."

식품은 유통 기한과 성분 때문에 유통하기 까다로운 품목인데, 제품이 한국에 들어오고 통관 후 물류 창고에 입고되기까지 이미 상당한 기간이 지난 상황에서 다시 타국으로 수출하는 것은 쉬운 일이 아닙니다.

수입업체 입장에서는 제품이 이미 국내 물류 창고에 입고된 상황에서 대형 유통업체의 발주 취소는 청천벽력 같은 이야기지만, 앞으로 이들과 거래를 안 할 것도 아니고, 서로 부딪혀서 좋을 게 없으니 거래처에게 항의하거나 보상을 요구하긴 어렵습니다. 심지어 일본 기업이 아닌데도 일본산 원료를 사용한다는 이유만으로 불매 운동의 희생자가 된 업체도 있고, 일본 음식을 판매하는 음식점들은 일본과 전혀 상관이 없음에도 소비자에게 외면당했습니다. 당시 중소벤처기업부 산하 공공기관인 소상공인시장진흥공단이 소상공인을 대상으로 '일본 수출규제에 따른 일본 제품 불매 운동 피해 현황'을 조사한 결과, 약 70%의 소상공인이 매출 감소

피해를 보았다고 답했습니다.

이처럼 국가 간의 마찰이 생기면 무고한 희생이 생기기 마련입니다. 과거부터 현재까지 무역 전쟁이든, 무력 전쟁이든 패턴은 늘 동일합니다. 전쟁을 결정하는 이와 희생당하는 이는 명확히 구분되어 왔습니다.

과거의 대신들은 왕이 전쟁을 결정할 수 있게 부추기기도 하고 말리기도 하며 바람잡이 역할을 하였고, 왕은 최종 결정을 내렸습니다. 그 결정이 아무리 비합리적이라도 군사들은 국가의 일방적인 통보에 목숨을 걸고 싸워야 했습니다. 일단 전쟁이 발발하면 숱한 인명 피해가 발생하고, 백성들은 식량 위기를 겪고, 여성들은 성폭행을 당하고, 아이들은 부모와 생이별하는 등 엄청난 고통이 수반됩니다. 그런데 정작 전쟁을 지시한 왕은 자신이 피를 흘리며 싸우길 합니까. 밥을 굶길 합니까. 물론 직접 전쟁에 참전하는 왕도 있지만, 자기 혼자 살겠다고 부리나케 피신하는 왕도 있습니다.

무역 전쟁 또한 정부가 결정한 것이지 국민들이 일으키는 것이 아닙니다. 하지만 외교 마찰이 일어나면 앞서 말씀드린 것처럼 관련 업종 종사자들만 죽어납니다. 미국과 중국의 무역 전쟁이 심화되었을 당시 중국 게임 회사에서 근무 중이었던 제 지인으로부터 회사 내 미국 직원들이 전부 퇴사 조치되었다는 소식을 들었고, 미국의 반도체 장비 수출 규제에 대응하기 위해 중국 메모리 반도체 생산업체인 YMTC 역시 미국 직원들에게 퇴사 요청을 했다는 이야기를 접했습니다. 이들은 그저 매달의 급여로 생활하는 직장인일 뿐인데, 국가 간의 분쟁으로 하루아침에 직장을 잃었습니다.

국가 간의 분노는 힘없는 국민들에겐 그저 폭력일 뿐입니다. 양국의 갈등이 종국에는 양측 모두에게 피해를 준다는 것을 알고 있음에도 불구하고 전쟁은 왜 계속되는 것일까요?

다음 장에서는 전쟁이 사라지지 않는 이유에 대해 이야기 나누어 보겠습니다.

7

사라지지 않는 전쟁

2018년 미국이 중국에 무역 장벽을 세우며 미중 무역 전쟁이 시작됩니다. 미국은 340억 달러 규모의 중국산 수입품에 25%의 관세를 부과하였고, 중국 역시 미국산 수입품에 25%의 관세를 부과하면서 반격을 시작합니다. 그렇게 서로 엎치락뒤치락하다 G20 정상 회담 이후 무역 전쟁이 잠잠해질 것으로 예상했지만, 2019년 8월 미국이 추가 관세 보복 계획을 발표하며 다시 갈등이 불거집니다. 결국 양국이 상당한 타격을 받은 뒤인 2020년이 되어서야 무역 협정 체결을 하게 됩니다.

일각에서는 이러한 무역 전쟁을 총성 없는 '현대판 전쟁'이라고 일컫지만, 사실 무역 전쟁은 기원전 7세기 춘추 전국 시대에도 일어났으니, '현대판'이라는 표현은 적절하지 않습니다. 무역 전쟁은 과거부터 반복되고 있는 인간사 중 하나입니다. 제1차 세계 대전 이후 대공황 당시 미국이 보호 무역을 펼쳐 수입품 2만여 종에 수입 관세를 인상하는 바람에 미국 교역국들로부터 보복 관세로 응징당했던 무역 전쟁부터 1960년대 유럽 국가들이 저렴한 미국산 닭고기에 관세 장벽을 세우며 시작된 '닭고기 무역 전쟁', 1990년대 유럽과 미국의 '바나나 무역 전쟁'까지 20세기에도 무역 전쟁은 끊임없이 일어났습니다.

그렇다면 무역 전쟁은 왜 계속되는 것일까요?

원래 무역의 목적은 국가 간의 경제 교류를 통해 경제적으로 상호 보완하며 함께 발전해 나가는 것인데, 처음에는 두 국가가 함께 발전해 나가다 양국의 경쟁 우위가 같아지면 초심은 사라지고 경쟁의 의지만 남게 됩니다. 미중 관세 전쟁 또한 중국이 미국의 경제 패권에 도전할 정도로 성장하자, 미국이 위기의식을 느끼고 공격적인 태세를 취한 것입니다. 이것이 바로 시대가 변해도 무역 전쟁이 사라지지 않는 이유입니다.

인류의 역사는 전쟁의 역사라고 해도 과언이 아닐 만큼 국가 간의 갈등과 분쟁, 전쟁과 폭력은 끊임없이 일어났습니다. 국가는 전쟁을 통해 국가의 이익을 보호하였고, 권리를 회복하였으며 세력을 키웠습니다. 인류는 다른 집단을 수탈하고 자기 공동체를 보호하기 위해 군사를 조직하였고, 군인은 자신의 의지와 상관없이 전쟁터에 나가 무고한 생명을 빼앗고 또 빼앗겼습니다. 그리고 제2차 세계 대전이 종전한 지 80년 가까이 지난 지금 이 순간에도 무력 전쟁은 계속되고 있습니다. 그 어느 때보다 세계 평화와 인권이 중시되고 있는 세상에서 여전히 무력 전쟁이 존재하다니, 믿을 수 없는 현실에 가슴이 아픕니다. 어떤 전쟁이든 나름의 대의명분이 있지만, 그 명분 뒤에는 국가의 탐욕과 특정 소수 세력의 이익을 위한 국민들의 무고한 희생이 있습니다.

세계 인권 선언(Universal Declaration of Human Rights) 제3조인 '모든 사람은 생명과 신체의 자유와 안전을 누릴 권리가 있다.'는 대체 어디로 사라진 것일까요?

국익이 인간의 존엄성보다 중시되는 한 세상이 변해도 전쟁은 계속 일어날 것입니다.

세상의 그 어떤 대의명분도 무고한 희생을 강요할 순 없습니다.

8

고독사, 남 일이 아니다

　수년 전 길에서 우연히 〈고인의 유품을 정리해 드립니다〉라고 적힌 현수막을 본 적이 있습니다. 당시에는 별생각 없이 '유가족들이 고인의 짐을 정리하기 번거로워서 맡기나 보다.' 정도로 생각했습니다. 그런데 우연히 그 업종에 종사하고 있는 분께 자세한 이야기를 듣게 되면서 저는 경악을 금치 못하였습니다. 요즘은 워낙 이웃간의 교류가 없다 보니, 이웃이 생명을 잃었어도 아무도 모르고 있다가 월세가 밀려서 집주인이 찾아와 보면 오랫동안 방치된 시신이 부패되어 있는 경우가 있다는 겁니다. 게다가 시신의 부패 정도가 심각하여 방바닥에 시체 진물이 스며들면 특수 약품으로 처리하거나 장판을 아예 다시 깔아야 하는 일도 다반사기 때문에, 유품 정리업체를 통해 청소부터 유품 정리까지 한 번에 해결한다고 하였습니다. 이런 이야기를 듣고 나니 고독사의 심각성에 대해 간과할 수 없었습니다.

고독사(孤獨死)란 사람이 주위에 없는 상태에서 혼자 죽음을 맞이하고, 사후 일정한 시간이 지나고 나서 발견되는 '고독한 죽음'을 의미합니다. 제가 고독사의 실체를 더욱 깊게 파악하게 된 계기는 일본 공영 방송 NHK 무연사회 프로젝트팀에서 취재한 내용을 엮은 저서 『무연사회』를 접하면서입니다. 당시 NHK의 뉴스 프로그램인 〈뉴스 워치 9〉을 통해 3회에 걸쳐 시리즈로 '무연(無緣)사회 일본'이란 프로가 방영되었고, 이는 일본 사회에 큰 반향을 일으켰습니다. 무연(無緣)이란 아무 인연이나 연고가 없는 상태를 의미하는데, 우리나라 역시 1인 가구, 저출산, 고령화가 가속화되고 있는 상황이라 무연사회가 멀지 않게 느껴졌습니다.

일본에서는 자신이 죽고 난 뒤, 누구에게도 부담을 주지 않기 위해 생전에 '직장'을 계약하는 경우가 늘어나고 있습니다. '직장'이라는 표현이 좀 생소하죠? '직장'은 자택이나 입원했던 병원 등 생애를 마감한 곳에서 바로 시신을 화장장으로 옮겨 화장하는 장례 방식입니다. 이러한 장례 방식은 가족이 없는 일인 가구만 추구하는 것이 아닙니다. 과거에는 고독사라고 하면 혈연이 없는 무연(無緣)에만 일어난다고 생각했지만, 고령화 시대에는 형제가 있어도 형제의 연령 또한 90세를 넘나들어 서로 왕래할 여력이 안

되거나, 가족 공동체가 무너져 오랜 세월 친인척과의 왕래가 없다 보니 혈연이 있어도 고독사를 완전히 예방할 수 없는 사회가 되었습니다. 게다가 요즘은 가족이 있어도 시신 인수를 거부하거나 기피하는 경우가 많습니다. 가족의 죽음마저 외면하는 사회… 안타까운 현실에 마음이 참 무겁습니다.

보건복지부에서 실시한 '2022년 고독사 실태 조사 결과 발표 (2017~2021년 고독사 발생 현황)'에 따르면, 고독사는 최근 5년간 꾸준히 증가하고 있습니다. 그렇다면 과거에는 고독사가 없었을까요? 분명 과거에도 고독사는 발생했을 겁니다. 다만, 고독사를 집계하기 시작한 지 오래되지 않았을 뿐입니다. 여기서 한 가지 분명한 건 고독사는 미래에 더욱 증가할 것이라는 점입니다. 우리 사회는 이미 1인 가구 비율이 40%에 육박한 초개인주의 사회에 접어들었으며, 의료 기술의 발전과 더불어 생활 환경의 개선 등의 원인으로 기대 수명이 연장되어 초고령 사회가 가속화될 것으로 전망됨에 따라 고독사는 더 이상 먼 미래의 일이 아닙니다.

우리나라보다 개인주의가 앞섰던 일본에서는 이미 십여 년 전부터 고독사가 사회적 이슈로 떠오르면서 일본 정부는 2007년부터 '고독사 제로(zero) 프로젝트'를 시행하고 있고, 우리나라 역시 2023년 보건복지부에서 향후 5년간의 고독사 예방 계획을 발표한 상황입니다. 이처럼 국가 차원에서의 시스템 구축도 중요하지만, 생애를 어떻게 마무리할 것인지에 관한 개개인의 고민도 필요한 시대가 되었습니다. 그동안은 삶의 초점이 '어떻게 살 것인가?'에 맞춰져 있었다면, 앞으로는 '죽음을 어떻게 준비할 것인가?'에 대해서도 생각해 볼 필요가 있습니다.

시대가 변하며 장례 방식이 바뀔 순 있지만, 누군가가 운명한 시신을 거두어야 함은 변하지 않습니다.

9

범죄가 사라지지 않는 이유

국사편찬위원회에서 제공하는 조선왕조실록(朝鮮王朝實錄)을 통해 조선 시대에도 살인, 상해, 성폭력, 절도, 도박 등의 범죄 사건이 발생했다는 사실을 알 수 있습니다. 그런데 이로부터 오랜 세월이 지난 지금까지도 범죄 유형은 크게 변하지 않았습니다. 과거와 달라진 점이 있다면 과학 기술의 발전으로 인해 보이스 피싱, 해킹, 디지털 성범죄 등의 현대판 범죄가 추가되었을 뿐입니다.

2023년 여름, 무차별 칼부림 사건이 연이어 발생하면서 인근 지역 주민들이 두려움에 떨었던 시기가 있습니다. 최초 사건은 신림동에서 한 30대 남성이 일면식도 없는 사람을 무차별적으로 공격하여 살해하였고, 이후 곳곳에서 모방 범죄가 연이어 일어났습니다. 그로부터 얼마 지나지 않은 시점에 신림동 둘레길에서 성폭행을 당한 교사가 유명을 달리하는 사건이 발생했습니다. 그 사건이 저희 동네에서 벌어진 것은 아니었지만, 사건 현장이 제가 평소에 자주 다니는 산책로와 비슷해 보여 한동안 집 근처의 산책로를 가지 못했습니다.

마음이 답답할 때 한 번씩 산책하는 게 커다란 낙이었던 저는 답답한 마음에 줄곧 이렇게 중얼거렸습니다.

"세상이 이렇게 좋아졌는데도 나는 마음 편히 집 근처도 못 돌아다니네…"

지금이 전시 상황도 아니고, 맹수의 공격과 야생 동물의 위협이 있는 시대도 아닌데 '이불 밖은 위험해!'라는 말이 사람들의 입에 자주 오르내리다니 세상 참 아이러니하지 않나요?

그동안 끊임없이 발생하는 범죄 사건들을 접하며 한 가지는 확실히 알 수 있었습니다.

'앞으로 세상이 얼마나 좋아지든 간에 범죄는 계속되겠구나…'

그렇다면 범죄는 왜 사라지지 않는 것일까요?

세상이 변해도 인간의 본질은 변하지 않기 때문입니다.

조선 시대에 엄격한 유교주의 사상을 바탕으로 사회 질서를 유지했음에도 탐욕, 시기, 질투, 원한에 의한 범죄가 끊이지 않았다는 건 사회 제도만으론 인간의 본질을 완벽하게 컨트롤하지 못한다는 것을 의미합니다.

인간의 지나친 욕망은 범죄로 이어지기 쉽습니다. 사기 범죄와 횡령과 같은 재산 범죄의 이면에는 타인을 희생시켜서라도 자신의 욕망을 달성하려는 어두운 탐욕이 깃들어 있습니다. 유산 문제로 형제자매를 살해하고, 보험금을 노리고 배우자를 살해하는 것도 모자라 신생아를 잇달아 입양하여 숨지게 하는 극악무도한 살인 사건을 통해 인간의 탐욕이 얼마나 무서운지 실감하게 됩니다.

그리고 인간의 감정 또한 범죄를 유발하는 원인이 될 수 있습니다. 단지 인터넷이 느리다는 이유로 흉기를 휘둘러 인터넷 수리 기사를 살해한 사건과 음악이 시끄럽다는 이유로 아파트 외벽 보수 작업을 하던 작업자의 밧줄을 절단한 사건은 모두 순간의 분노를 참지 못해 범죄로 이어진 사례입니다. 이처럼 꼭 순간적으로 욱하지 않더라도, 평소에 부당한 대우를 받아왔거나 불평불만이 쌓여 사소한 자극에도 공격성이 폭발하는 분노 범죄 또한 늘어나고 있습니다. 이 밖에도 불안, 두려움, 강박, 고독, 열등감 등의 정서적 불안전 또한 범죄를 일으키는 데 한몫하고 있습니다.

감정은 누구나 가지고 있는 인간의 원초적 본능입니다. 세상에 화가 나지 않는 사람이 어디 있겠습니까. 다만 사람마다 느끼는 감정의 강도가 다르고, 이를 다루는 방식이 다를 뿐입니다. 누군가는 운동으로 분노를 재빨리 해소시키지만, 또 누군가는 약자에게 분풀이하며 분노를 표출하고, 다른 누군가는 타인의 안전을 해치는 범죄를 저지릅니다.

사람이 범죄를 저지르는 이유는매우 다양하지만, 한 가지 분명
한 것은 범죄는 인간의 본질과 깊은 관련이 있다는 점입니다. 인
간이 탐욕과 부정적인 감정, 자기 파괴적인 정서를 전지전능하게
다스릴 수 있지 않는 한 시대가 변해도 범죄는 계속될 것입니다.

10

사람이 사람답게 살아가려면

　얼마 전 국내 최초의 프로파일러 권일용 경감의 인터뷰를 통해 대한민국의 범죄사를 되짚어 볼 수 있었습니다. 권일용 경감은 "1980년대에는 생계형 범죄나 원한, 치정 문제가 많았어요. 90년대 중반을 넘어가면서 지존파, 막가파 같은 부류들이 '부자는 다 죽어야 한다.', '세상이 나를 이렇게 만들었다.' 이런 사회 저항적인 이야기를 하며 등장하죠. 그러다 2000년 초반에 유영철, 정남규 같은 연쇄 살인범들이 나타납니다. 지금은 분노하는 범죄가 가장 많아요."라며 현시대의 범죄 패턴에 관해 이야기하였습니다.

　그렇다면 분노는 어떻게 범죄로 이어지는 것일까요?

　1943년 미국의 심리학자 에이브러햄 매슬로가 발표한 매슬로의 욕구단계설(Maslow's hierarchy of needs)에는 소속 욕구(belonging)가 있습니다. 이는 인간이 가족, 친구, 동료와 친밀한 관계를 맺고 원하는 집단에 귀속되고 싶어 하는 욕구로, 인간은 사회적 동물임을 의미합니다. 우리는 가정이라는 울타리 안에서 삶이 시작되었고, 학교생활을 통해 새로운 인간관계를 형성하였으며, 성인이 되어 직장이나 각종 단체에 소속되어 사회생활을 이어갑니다. 그런데 현대 사회는 프리랜서나 1인 기업과 같은 혼자 활동하는 직업이 과거에 비해 증가하였고, 개인주의가 심화됨에 따라 사람들이 혼자 보내는 시간이 길어져, 타인과 물리적인 거리를 두게 되며 소속감을 느끼지 못하는 사람들이 많아졌습니다.

그런데 소속감 부재의 원인이 비단 물리적 고립 때문만은 아닙니다. 늘 주위에 사람들이 있음에도 불구하고 타인과 교감을 나누는 관계에서 배제된 사람들이 있습니다. 이러한 심리적 고립감이 물리적 고립감보다 더 위태롭게 작용합니다. 사람들과 물리적으로 거리를 두는 것보다 마음을 기댈 곳이 없다는 게 더 고독한 일이니까요. 사회적 관계로부터 단절된 사람들은 소속 본능이 억눌린 상태로, 이들의 고립감은 우울감이 되고 우울감은 분노로 치환되어 범죄로 치닫기도 합니다.

다수의 사람이 이웃과 인사 한마디를 나누지 않고, 타인의 곤경에 무관심하며, 직장에서는 바로 옆자리에 앉은 동료와도 카카오톡으로 대화하고, 상대방에 대한 작은 불만에도 칼같이 손절하는 개인주의가 만연한 사회에서 사회적 고립은 더 이상 먼 이야기가 아닙니다. 지금도 사회 곳곳에서 사회적 고립감을 이겨내지 못하고 범죄를 통해 자신의 분노를 표출하는 사건이 일어나고 있습니다. 신림역 흉기 난동범은 사회생활에서 잇따라 실패하며 칩거해 왔고, 그는 체포 당시 "열심히 살아도 안 되더라, X 같아서 죽였다."라고 외쳤습니다. 이는 전형적인 사회적 고립감을 분노로 표출한 범죄인데, 만약 누군가 그에게 "실패해도 괜찮아. 아직 살아갈 날이 얼마나 많은데 그까짓 것 아무것도 아니야."라고 따뜻하게 격려해 줬다면 무고한 사람들의 희생은 막을 수 있지 않았을까요?

옛말에 '호미로 막을 것을 가래로 막는다.'라는 말이 있습니다.

사회적 고립은 타인에게 작은 관심만 가져도 예방할 수 있는데, 따뜻한 말 한마디를 나누지 못해 소외감이 범죄로까지 이어지는 현실이 너무 안타깝습니다.

사회가 아무리 냉소적으로 변해도 사람은 여전히 사람과 함께 더불어 살아야 하고, 사람은 늘 관심과 사랑이 필요하다는 것을 기억하시길 바랍니다.

11

인간은 무엇으로 고립되는가?

저는 어릴 때 방학이면 친구들을 만나지 못하는 아쉬움에 친구들에게 편지를 보내곤 했습니다. 친구들에게 편지를 쓰는 일도 즐거웠지만, 사실 편지가 친구들에게 닿기까지 기다리는 시간이 더 설레었지요. 그러다 이메일이 보편화되며 편지는 자연스럽게 사라졌습니다.

저는 그동안 해외 관련 업무로 해외 출장을 갈 기회가 종종 있었는데, 코로나19 사태로 인해 대면 미팅이 화상 회의로 전환되면서 엄청난 시간과 비용을 절감하게 되었고, 직접 해외에 가지 않아도 일이 진행되는 것을 몸소 체험하며 지금까지도 비대면 회의를 유지하고 있습니다.

과거에는 해외여행을 다닐 때 지도 한 장을 들고 사람들에게 물어물어 갔다면, 이제는 세계 어디를 가든 구글 맵만 있으면 든든합니다. 이처럼 우리는 모든 것이 편리해진 세상에서 살아가고 있지만, 아이러니하게도 기술 발전이 가져오는 편리함은 인간을 더욱 고립시키고 있습니다.

과학기술정보통신부에서 스마트폰 과의존 실태 조사를 한 결과, 국내 청소년 10명 중 4명이 스마트폰 중독인 것으로 나타났습니다. 아이들은 종일 스마트폰만 들여다보느라 친구들과 어울려 뛰노는 시간이 줄어들었고, 온라인 강의는 시공간을 자유롭게 해주었지만, 선생님과 직접 눈을 마주치며 바로바로 소통할 수 없어 교사와 학생 간의 친밀감은 떨어졌습니다.

통계청 경제활동인구 조사에 따르면, 2022년 재택근무 활용 근로자 수는 96만 명으로, 코로나19 이전에 비해 10배 이상 증가한 상황입니다. 재택근무를 하면 매일 아침저녁으로 전쟁 같은 출퇴근 과정을 겪지 않아도 되니, 많은 시간과 에너지가 절약됩니다. 하지만 문제가 생겼을 때 아주 사소한 일임에도 원격 제어나 영상통화를 해야 하는 번거로움이 있고, 매일 점심을 혼자 먹으며 사람들과 교류하지 못하니, 마치 외딴섬에 고립된 듯한 외로움을 느끼기도 합니다. 물론 불편한 동료를 만나지 않아도 되는 건 큰 장점이지만, 의지하고 있는 좋은 동료조차 만나지 못하는 건 버팀목 없이 직장생활을 이어가는 것과 같습니다.

본디 인간은 사람과 더불어 살아가며 사람을 통해 배우고 성장하는 사회적 동물인데, 이러한 사회적 본능이 억제되면서 관계의 부작용을 낳았습니다. 사람은 그립지만, 함께 시간을 보내기엔 물리적·심리적으로 거리감이 있는 현대인들은 소셜 미디어를 통해 관계의 부재를 채웁니다. 소셜 미디어에서 자신이 올린 게시글이 불특정 다수에게 노출되며 타인과 소통하는 관계망이 확대되었고, 언젠가부터 게시글에 '좋아요'를 누르는 것이 서로의 안부 인사가 되었습니다. '좋아요'의 개수로 인정 욕구가 채워지기도 하고, 팔로워 수로 상대방의 인지도를 평가하기도 합니다.

그런데 소셜 미디어에서 맺어진 인간관계, 얼마나 신뢰할 수 있을까요?

SNS에서는 맛있는 음식 사진, 예쁜 카페 사진, 멋진 여행 사진 등 타인에게 보여주고 싶은 모습만 보여주는 '일상 편집'이 가능합니다. 저만해도 후줄근하게 입고 양푼에 비빔밥을 비벼서 하마처럼 입 벌리고 먹는 모습은 애초에 사진조차 찍지 않으니까요. 약간의 자폭을 더하면 가끔 민낯이라고 올리는 사진도 사실 필터로 찍은 겁니다. 자연스럽게 올린 듯해 보이지만, 철저히 의도적으로 기획된 게시글이 넘쳐나는 '진정성 부재의 공간'에서 여러분은 진정성 있는 관계를 맺고 있나요?

진정성 있는 인간관계란 어려움이 생겼을 때 서로 도움을 주고받을 수 있고, 서로에 대한 신뢰를 느낄 수 있으며, 때론 허심탄회하게 속 깊은 이야기도 나눌 수 있어야 합니다. 그런데 소셜 미디어에서는 보여주고 싶은 모습 위주로 소통하다 보니 본의 아니게 이미지 메이킹이 되기도 하고, 관계의 지속성 또한 휘발성이 강해 인간관계에 회의를 느낄 때도 있습니다.

가령 오랜 기간 '좋아요'와 '댓글'로 소통하던 SNS 친구가 어느 순간 소식이 뚝 끊길 때가 있는데, 그렇게 소리소문없이 사라지면 무슨 일이 있나 걱정되면서도 연락할 방법이 없습니다. 오프라인 인간관계에서는 오해가 생기면 만나서 이런저런 이야기를 나누며 오해를 풀 수 있는데, SNS에서는 오해가 생기면 해명할 기회도 없이 곧바로 언팔로우(Unfollow)하여 관계가 일순간에 끊어지기도 합니다. 게다가 팔로워 수를 늘리기 위해 상대방의 게시글은 읽어 보지도 않고 '좋아요'만 부리나케 눌러대는 모습에서 넓지만 한없이 얕은 관계의 깊이를 느낄 수 있습니다.

사실 요즘같이 개인주의가 만연한 사회에서 SNS 인간관계는 편리한 부분이 많습니다. 굳이 사람을 만나서 함께 시간을 보내지 않아도 되고, 자신이 원할 때 원하는 모습으로만 소통할 수 있으니까요. 그러나 한 번씩 공허함이 몰려올 때가 있습니다. SNS에서는 주로 일상을 공유하며 인사말처럼 가볍게 소통하는 것이 대다수라 어려운 일이 있을 때 속 깊은 이야기를 나누는 건 쉽지 않습니다. 게다가 온라인 소통은 직접 사람을 만나 아이 컨택하며 소통하는 만큼의 진한 여운을 남기긴 어렵습니다.

이 부분은 제가 해외 바이어와 소통할 때도 크게 실감하고 있습니다. 분명 화상 회의로 인해 많은 시간과 비용이 절감되고 몸도 편해졌지만, 바이어를 직접 만나 제품을 실제로 경험하게 하며 오감을 자극할 때보다 설득력이 떨어지고, 오프라인 만남 만큼의 끈끈한 유대 관계를 맺기 어려웠습니다.

이에 혹자는 '대면이든, 비대면이든 어차피 같은 내용을 전달하는 데 무슨 차이가 있겠어?'라고 생각할 수도 있겠지만, 사람의 소통은 대화가 전부가 아닙니다. 사람과 사람 사이에는 보이지 않는 기류가 흐르고, 그 기류를 통해 에너지를 주고받으며 친밀감이 형성됩니다.

게다가 오프라인 만남에서는 상대방의 옷차림을 통해 상대의 분위기를 파악하고, 대화 중에 미세한 표정 변화와 자잘한 제스처를 캐치하여 상대방의 반응에 맞춰 그때그때 전략을 수정해 나가는데, 화상 회의에서는 상대방의 얼굴만 둥둥 떠 있는 상태라 상대방의 심중을 섬세하게 파악하기도 어렵고, 중간중간 버퍼링이 걸려서 대화가 끊길 때도 있어 호소력이 떨어집니다.

저는 비대면의 편리함을 애정하지만, 비대면으로는 사람을 직접 만나 소통하는 것만큼의 깊은 여운을 남기기 어렵다는 것을 체감한 뒤론 어쩔 수 없는 상황에서만 비대면을 유지하고 있습니다. 사람은 사람과 함께할 때 정서적 안정을 찾고, 깊은 유대감을 느끼며, 좋은 에너지를 나눌 수 있습니다.

혼자 있는 시간이 너무나도 자연스러워진 시대가 되었지만, 사람의 온기를 느낄 수 있는 대면의 소중함이 간과되지 않길 희망합니다.

12

양날의 검을 품은 산업혁명

최근 몇 년 사이 인공지능 기술이 급부상하면서 '인간 중심으로 이루어지던 일자리가 위협받게 될 것'이라는 우려 섞인 목소리가 높아지고 있습니다.

요즘은 식당만 가도 로봇이 서빙하는 모습을 종종 볼 수 있고, 챗GTP를 도입하여 상담 센터를 운영하는 기업들을 직접 접하며 '직업의 불확실성'을 체감하고 있습니다.

그런데 기술 발전이 인간의 일자리를 위협하는 상황은 오늘날의 문제만은 아닙니다.

과거 출퇴근 만원 버스에 승객을 밀어 넣으며 "오라이!"를 외치던 버스 안내원을 기억하시나요? 1982년 승객이 직접 요금을 지불하는 '시민 자율버스'가 나오고, 머지않아 자동문 시스템과 하차 벨이 설치되면서 버스 안내원은 자연스럽게 사라졌습니다. 컴퓨터의 등장으로 손으로 극장 간판을 그리던 극장 간판 미술가와 수필 속기사* 등 다양한 직업군이 사라졌습니다.

하지만 산업의 발전으로 직업이 사라지기만 한 것은 아닙니다. 한국고용정보원의 '한국직업사전 통합본'에 따르면 2012년부터 2019년까지 8년간 새롭게 등장한 신생(新生)직업은 270개이고, 제품 생산 중단이나 기술 발전으로 인해 종사자가 사라진 직업은 18개에 불과합니다. 이는 앞으로도 많은 직업이 사라지겠지만 신규 직종에 대한 기회 또한 열려있다는 것을 의미합니다.

혹여나 자신의 직업이 사라질까 두려워 시대의 흐름을 따라가지 않고 과거를 고집한다면, 제1차 산업 혁명 당시 영국이 했던 실수를 경험하게 될 수도 있습니다. 18세기 중엽 산업 혁명 이전 영국의 주요 교통수단은 마차였습니다. 그런데 증기 자동차의 등장으로 수많은 마부가 일자리를 잃게 되자, 이들은 격렬한 시위에 나섰고, 결국 빅토리아 여왕은 마차 산업을 보호하기 위해 '붉은 깃발법'을 선포합니다. 이 법을 통해 자동차 최고 속도를 시속 6.4㎞로 제한하였고, 도심에서는 3.2㎞ 이상 속도를 낼 수 없었으

---

* 각종 회의에서의 발언 내용을 간단한 부호를 사용하여 손으로 빨리 옮겨 적은 다음, 이를 문서화하는 일을 하는 사람

며, 기수가 붉은 깃발을 들고 자동차의 55m 앞에서 차량을 선도해야 했습니다. 이런 기가 막히는 법안을 보고 누가 자동차를 타고 싶었겠습니까. 이러한 시대를 역행하는 조처는 영국이 산업 혁명의 발상지임에도 불구하고 독일과 프랑스만큼 자동차 산업이 성장하지 못하게 되는 결정적인 원인이 됩니다.

당시 산업 혁명으로 마부는 사라졌지만, 그동안 자동차와 관련된 새로운 직종이 얼마나 많이 생겼습니까. 이것을 유득유실(有得有失), 유실유득(有失有得)이라고 하죠. 얻는 것이 있으면 잃는 것이 있고, 잃는 것이 있으면 얻는 것이 있기 마련입니다.

우리는 이미 제4차 산업 혁명이 업의 위기이자 새로운 기회라는 것을 알고 있습니다. 하지만 변화가 두려운 이유는 인간의 현상 유지 편향(Status quo bias) 때문입니다.

현상 유지 편향이란 현재 상태에서 움직이지 않으려는 관성을 의미합니다. 낯선 직업이나 새로운 업무 방식은 불확실성에 대한 두려움을 동반하기 때문에, 변화에 대한 이익보다 손실에 대한 두려움을 더 크게 생각하게 만들어 현 상황에서 벗어나지 않으려는 심리가 발동되는 겁니다. 가보지 않는 불확실한 길보다 손바닥 보듯 훤히 알고 있는 길을 벗어나고 싶지 않은 건 관성이자 본능입니다.

변화하는 환경에서 생존하려면 관성을 깨고 앞으로 나아가야 합니다. 평생의 관성을 하루아침에 깨부수기는 어렵지만, 소소한 일상의 관성부터 조금씩 깨뜨리기 시작하면 삶에 작은 변화들이 하나둘 생길 것입니다.

　제4차 산업 혁명은 두려움이자 새로운 기회입니다. 현대인들은 급변하는 세상과 가치관의 혼돈 속에서 두려운 나날을 보내고 있지만, 누군가는 두려움의 파도에 휩쓸려 허우적거리고, 또 누군가는 두려움 속에서도 희망의 씨앗을 찾아냅니다. 두려움과 기회는 동전의 양면처럼 이어져 있으며, 모든 건 마음 먹기 나름입니다. 위기 속에서도 새로운 기회를 찾을 수 있는 여유와 지혜를 잃지 않길 바랍니다.

13

점집이 사라지지 않는 이유

사는 게 막막하고 마음이 불안할 때 점집 또는 철학관을 찾는 사람들이 많습니다.

점집과 철학원의 차이점에 대해 궁금한 분이 계실 것 같아 간단히 설명해 드리면, 점집에서는 인간이 신을 영접하여 영적인 능력으로 운명에 대해 논하고, 철학관에서는 동양의 자연 철학인 음양오행 원리와 사주팔자(四柱八字)의 기본 틀을 기초로 명운을 살피는 명리학(命理學)을 근거로 이야기합니다.

그런데 사람들은 언제부터 점집을 다니기 시작한 것일까요?

여러분의 어머니, 어머니의 할머니, 어머니의 할머니의 증조할머니 시절에도 점집은 존재했습니다. 현대인들이 '사주팔자'라고 부르는 명리학은 태종 원년인 1401년 조선왕조실록에도 기록되어 있으니, 그 역사가 매우 길다고 볼 수 있습니다.

이렇게 과학 기술이 발달한 세상에서 여전히 비과학적인 예측에 기대는 사람이 끊이지 않는 이유는 불확실성에 대한 인간의 원초적 본능인 '두려움'이 사라지지 않기 때문입니다. 연령, 성별, 지역, 업종을 불문하고 자신의 미래가 궁금하지 않은 사람은 없습니다. 다만 사주를 신뢰하느냐 하지 않느냐에 따라 선택의 차이만 있을 뿐입니다.

요즘은 인생에 중요한 결정을 앞둔 20·30세대가 취업, 이직, 결혼 등의 문제로 점집을 찾는 경우가 많습니다. 그도 그럴 것이 모든 산업의 수준이 상향 평준화되어 경쟁은 더욱 치열해졌고, 미래에 대한 불확실성은 증가하였으며, 평생을 벌어도 내 집 하나 장만하기가 어려운 세상이 되었기 때문입니다. 그래서 20·30세대들은 막막한 현실에서 지푸라기라도 잡고 싶은 심정으로 점집을 찾아가 고민을 털어놓곤 합니다. 중년층 또한 일이 안 풀려서 막막하거나 중요한 선택을 앞두고 있을 때 철학관을 찾는 경우가 많습니다. 이러한 불확실성에 대한 두려움은 오랜 세월 점집이 유지되고 있는 이유이자, 앞으로도 사라지지 않을 명분입니다. 과학 기술이 아무리 발달해도 인간의 불확실성 영역을 완벽하게 컨트롤할 순 없으니까요.

제가 명리학을 공부하며 한 가지 깨달은 건 인간의 운명은 정해져 있지 않다는 것입니다. 아무리 재물을 끌어당기는 능력이 뛰어난 사주를 타고났어도 본인이 아무것도 하지 않으면 사주는 무용지물일 뿐입니다. 미래는 '운명'이 아닌 '오늘'에 달려있습니다. 미래는 과거와 이어진 오늘, 오늘과 이어진 내일이 쌓이고 쌓여 만들어지는 것이지, 어느 날 갑자기 하늘에서 뚝 떨어지는 것이 아닙니다.

불확실성에 대한 두려움은 앞으로 더 잘 살아가고자 하는 인간의 원초적 본능이기에 '두려워하지 말라!'는 이야기는 하지 않겠습니다. 저조차 두려움을 달고 살기에 '두려워하지 마세요.'라는 말이 얼마나 무의미한지 잘 알고 있습니다. 하지만 사는 게 막막하고 두려울 때 점집으로 달려가기 전에 이 말을 먼저 되뇌어 주시길 바랍니다.

두려움이 몰려와도 오늘 해야 할 일에 충실하세요! 인간의 힘으로 온전히 다스릴 수 있는 영역은 오늘뿐입니다.

14

활자의 여운은 영원하다

가상 사설망 서비스 기업인 노드VPN의 연구 조사에 의하면, 우리나라 국민들의 일평균 온라인 접속 시간이 10시간이라고 합니다. 이 정도의 시간이면 수면 시간과 업무 시간을 제외한 거의 모든 시간으로 볼 수 있습니다. 게다가 온라인 활동 중 가장 많은 시간을 할애하는 플랫폼이 유튜브와 같은 영상 콘텐츠 채널이라는 집계는 우리의 일상이 얼마나 활자와 멀어졌는지 보여 줍니다. 게다가 요즘은 쇼츠나 릴스 같은 짧은 영상을 선호하는데, 이렇게 짧고 강렬한 콘텐츠는 생각할 시간도 없이 후르르 지나가 버리기 때문에, 앞뒤 맥락을 파악하고 능동적으로 생각하는 인간의 사고력을 약화시킵니다. 영상 콘텐츠는 시각과 청각을 자극하기 때문에 몰입력은 뛰어나지만, 다음 장면으로 바로바로 이어지기 때문에 사색의 여백을 주지 않으며, 상상력 또한 발휘하기 어렵습니다. 게다가 온라인 콘텐츠의 경우 영상 옆에 온갖 광고 링크가 도배되어 진득하게 집중하기 어렵고, 인공지능이 취향 맞춤 콘텐츠를 끊임없이 제공하여 '보고 싶은 것만 보는' 확증 편향성을 높입니다.

요즘같이 순간의 흥미를 쫓는 자극적인 콘텐츠로 도배된 세상에서 활자의 중요성은 점차 잊히고 있습니다. 글은 중간중간에 멈춰 충분히 생각하고 음미할 수 있는 사색의 여백을 선사하고, 생동감 넘치는 묘사를 통해 장면을 무한대로 상상할 수 있게 만들어 창의력 향상에 도움을 줍니다. 게다가 감명 깊은 부분에 밑줄을 그을 수 있고, 그 순간의 생각을 여백에 기록해 둘 수 있어 오랜 세월이 지난 뒤에도 여운을 되새길 수 있습니다.

간혹 독서를 책 소개 영상으로 대체하는 사람이 있습니다. 300페이지가량의 책을 십 분 내외의 소개 영상으로 압축한 것을 액기스만 뽑았다고 할 수도 있지만, 이를 바꿔 말하면 수박 겉핥기식의 이해라고도 볼 수 있습니다. 독서는 줄거리 파악이 전부가 아닙니다. 책 중간중간에 느껴지는 깊은 여운에 취해 사색에 잠기는 과정이야말로 독서의 진정한 묘미입니다.

요즘은 온라인 용어에 익숙해져 올바른 맞춤법이 잊히고, 문해력 또한 상당히 떨어져 직장에서 커뮤니케이션이 잘 안되는 사람이 많습니다. 직장인 업무의 8할은 글과 관련되어 있습니다. 이메일을 보내는 것도, 보고서를 쓰는 것도, 제안서를 작성하는 것도 전부 글로 시작해서 글로 끝납니다. 그런데 이메일을 주고받다 보면 상대방이 내용을 제대로 이해하지 못해 동문서답하는 경우도 많고, 자기 생각을 글로 정리하는 능력이 부족하여 메시지가 모호하고, 중구난방이라 '이 사람이 대체 무슨 말을 하고 싶은 거지?' 하며 반문하게 되는 경우도 종종 있습니다. 저는 이러한 현상이 활자 결핍으로 인한 사회적 부작용이 아닐까 생각됩니다. 글을 가까이 하면 문해력은 자연스럽게 향상되고, 사고(思考)가 잘 정리되어 있으면 글과 말은 깔끔하게 정돈됩니다. 그런데 깊은 사고를 요구하는 글은 기피하고, 굳이 생각할 필요 없이 쉽게 받아들여지는 자극적인 콘텐츠에만 익숙해지면 사고력이 저하될 수밖에 없습니다. 물론 지친 하루의 일과 끝에 쾌락 지향적인 시간도 중요하고 영상의 편의성도 인정하지만, 영상에 매몰되어 수동적으로 사고하며 나다운 생각을 잃어서야 되겠습니까. 활자가 다소 지루하게 느껴질 수도 있지만, 분명 글을 통해서만이 얻을 수 있는 깊고 진한 여운이 있습니다.

세상이 변해도 활자의 중요성이 간과되지 않길 희망합니다.

제 3 장

변하지 않는 관계

관계의 상품화

　현대 사회는 개인주의가 심화되면서 인간관계의 방식이 변하기 시작했습니다. 매일 전쟁 같은 하루를 보내는 현대인들은 사람을 만나 서로를 알아가는 과정이나, 상대방의 기호에 맞춰 시간을 보내는 것을 그저 감정 소모, 시간 낭비, 비용 낭비, 에너지 낭비로 인식하는 경우가 많습니다. 이처럼 인간관계를 맺고 유지하는 것에 피로를 느끼는 상태를 '관태기'라고 합니다. '관태기'는 '관계'와 '권태기'의 합성어로, 이러한 조어가 생겼다는 건 불필요하고 소모적인 인간관계에서 권태를 느끼는 현대인이 많다는 방증입니다. 그런데 관태기를 겪고 있는 사람이라고 해서 인간관계의 중요성을 모르는 것은 아닙니다.

사람은 혼자서는 살 수 없다는 것을 잘 알고 있지만, 그저 관계를 유지하기 위해 쏟는 시간과 에너지를 비효율적이라고 생각하는 것뿐입니다. 이처럼 관계의 효율성을 따지는 현대인들의 수요에 맞춰 역할 대행 서비스가 생겨났습니다.

과거보다 혼기가 늦어지면서 오랜 지인들과의 인간관계를 유지하지 못하여 결혼식에 초대할 지인이 없는 사람은 '하객 대행 서비스'를 통해 결혼식장의 객석을 채우고, 중요한 모임에 함께 나갈 애인은 필요하지만, 바쁜 일상에 쫓겨 이성을 만날 여유가 없는 사람은 '애인 대행 서비스'를 이용합니다.

이처럼 인간관계의 기능적인 역할을 대행하는 서비스 외에도 관계의 외로움을 달랠 수 있는 서비스 또한 존재합니다. 전 세계 수십 개국에서 운영 중인 기업 '렌트 어 프렌드(Rent a Friend)'는 시간당 40달러를 지급하면 식사, 술자리, 콘서트 관람을 함께할 친구를 빌려주는 서비스를 제공합니다. 가끔 함께 시간을 보내며 이런저런 대화를 나눌 사람은 필요하지만, 관계를 유지하기 위한 노력은 기울이고 싶지 않은 사람에겐 이 서비스가 꽤 실용적일 수 있습니다. 자신이 원하는 만큼의 시간만 할애하여 외로움을 달래고, 타인과 즐겁게 시간을 보내다 헤어지고 나면 더는 관계를 유지하기 위한 시간과 에너지를 쏟지 않아도 되기 때문에 이 서비스가 나름 효율적으로 보이기도 합니다.

하지만 일회성 만남은 관계의 진정성 부재로 이어져 더 큰 공허함을 느끼게 하며, 친분이 깊은 인연들과의 끈끈함에서 오는 관계의 안정감은 느끼기 어렵습니다. 즉, 렌트한 친구로 하여금 순간의 외로움은 달랠 순 있어도 패스트푸드를 먹은 것처럼 마음이 금방 허기지게 되는 것이지요. 그렇다면 패스트푸드가 아닌, 푹 고아낸 설렁탕을 먹은 듯한 든든함이 느껴지는 관계는 어떤 관계일까요?

대중에게 큰 사랑을 받았던 지역 공동체 사회의 온정이 담긴 드라마 〈우리들의 블루스〉에선 그동안 잊고 살았던 '옆집 숟가락 개수도 안다'는 한국인 특유의 정을 느낄 수 있습니다. 작은 일 하나에도 온 마을 사람들이 함께 고민하고, 좋은 일이 있을 땐 마치 자기 일처럼 기뻐하며, 힘든 일이 생기면 너나 할 것 없이 달려와 고충을 덜어줍니다.

그런데 이들의 관계가 1년 365일 모두 따뜻하고 행복하기만 한 것은 아닙니다. 지독하게 싸울 때도 있고, 서로에게 상처를 주기도 하며, 때론 생각지 못한 오해가 생기기도 하고, 의도치 않게 민폐를 끼칠 때도 있습니다. 그들은 한바탕 죽어라 싸우다가도 어느 순간 눈물 콧물을 빼며 화해하고, 그러다 또 싸우고, 그렇게 좌충우돌하면서 그들의 관계는 더욱 끈끈해집니다. 요즘같이 사람들이 모이는 것 자체를 감정 노동으로 생각하고, 사람들과의 작은 불편함조차 견디기 힘들어하는 세대에겐 좀처럼 경험하기 힘든 이야기입니다.

현대 사회의 인간관계를 보면 티끌 하나 없는 하얀 도화지가 떠오릅니다. 인간관계를 티끌 하나 없는 하얀 도화지 상태로 유지하려니, 매사 조심스럽고 불편하기만 합니다. 만약 하얀 도화지에 먹물도 좀 튀기고, 침도 흘리고, 밥풀도 좀 떨어뜨리면 어떻게 될까요? 처음엔 '이거 완전 진상이네!' 하며 한바탕 전쟁을 치르겠지만, 그렇게 얽히고설켜 울고 웃다 보면 어느 순간 관계가 끈끈해져 서로를 편안하게 느끼게 될 것입니다.

과거에는 농번기 때나 김장을 할 때 온 마을 사람들이 달려와 서로 돕는 마을 공동체를 당연하게 여겼다면, 오늘날에는 품앗이를 민폐 내지 오지랖으로 인식하는 사람들이 많습니다.

공동체 의식이 무너지고 개인주의 시대에 접어들면서 인간관계는 점차 냉소적으로 변해가고 있습니다. 요즘같이 타인에게 작은 부탁을 하는 것도 꺼리고, 상대방을 위해 작은 수고조차 불편해하며 서로에게 티끌 하나 남기지 않는 관계는 사람을 고독하게 만듭니다. 때론 타인에게 번거로움을 끼치기도 하고, 타인의 고충을 함께 짊어지는 진한 육수 같은 관계만이 인간 본연의 외로움을 달랠 수 있습니다. 인간은 사람과 더불어 살아가는 사회적 동물이기에, 세상이 변해도 사람에겐 여전히 누군가에게 의지하고 정을 나누고자 하는 마음이 남아 있습니다.

서로의 도화지에 점 하나 찍지 않는다는 건 '무결한 관계'가 아니라 그저 '무관한 관계'일 뿐임을 기억하시길 바랍니다.

절연과 손절의 차이

과거에는 인연을 끊을 때 '절연'이라는 단어를 사용했다면, 요즘은 '손절'이라는 표현이 더 익숙합니다. 분명 이 두 단어가 의미하는 바는 동일한데, 왠지 절연이라고 하면 관계를 돌이킬 수 없을 정도의 엄청난 파국을 겪은 뒤 연을 끊어내는 것처럼 느껴지고, 손절은 상대의 행동이 마음에 들지 않거나 관계가 살짝 틀어진 정도 선에서 연을 끊어내는 듯한 느낌이 있습니다. 그도 그럴 것이 손절은 '매입가보다 떨어진 주식을 더 떨어지기 전에 손해를 감수하고 판다'는 뜻의 주식 용어로, 인간관계에 주식의 손익 개념을 적용했다는 건 인간관계에 타산을 앞세웠다는 의미이기도 합니다.

온라인 곳곳에 '손절해야 할 유형'에 대한 콘텐츠로 도배되어 있는데, 내용을 보면 인간관계의 직접적인 갈등보다는 자신에게 도움이 안 되는 시간이 아까운 관계에 초점이 맞추어져 있습니다. 이러한 현실은 사람인에서 실시한 '인맥 다이어트'에 대한 설문 조사를 통해 실감할 수 있습니다. 성인 4,013명 중 53.7%가 인맥을 정리한 경험이 있다고 답하였고, 그중 62%가 '앞으로 교류의 가능성이 적은 사람'을 정리했다고 답했습니다. 이처럼 타인과의 교류 가능성을 미리 예측하는 판단의 이면에는 '앞으로 자신에게 도움이 되지 않을 사람'이라는 계산도 포함되어 있습니다. 즉, 상대방과 큰 갈등을 겪지 않았음에도 관계의 앞날을 미리 계산해서 가차 없이 정리하는 것인데, 이 모습을 통해 현시대의 냉소적인 인간관계를 다시금 실감하게 됩니다.

이러한 사회 풍조에는 소셜 미디어도 한몫하고 있습니다. SNS에서는 많은 사람과 쉽게 새로운 관계를 만들고, 빠르게 손절하는 넓고 얕은 인간관계가 형성됩니다. 상대가 올린 게시글이 조금만 불편해도 곧바로 팔로우를 취소하는 깃털같이 가벼운 관계가 만연한 소셜 미디어에서는 관계의 진정성 또한 자연스럽게 희미해지고 있습니다. 현대인들의 인간관계가 메마른 이유는 진정성의 부재 때문인데, 타인의 작은 결점도 품어주지 못하고 시시각각 재고 따지며 손익을 계산하는 손절 사회는 진정성의 부재를 더욱 심화시키고 있습니다.

손절은 타인과 큰 마찰을 일으키기 전에 관계를 미리 차단함으로써 향후 발생할 수 있는 불필요한 감정 소모는 예방할 수 있지만, 상대방을 깊게 이해하며 유대감을 키울 수 있는 기회 역시 사라지게 만듭니다. 빠른 손절은 섣부른 판단을 야기하여 좋은 인연을 잃게 될 수도 있습니다. 지금 당장은 나를 불편하게 하고 별 도움이 안 되는 것 같아도 때가 되면 나에게 귀인이 될 수도 있고, 비 온 뒤에 땅이 굳어지듯 한번 크게 부딪히고 난 뒤에 관계가 훨씬 견고해지는 인연도 있습니다.

시절인연(時節因緣)이라는 불교 용어가 있습니다. '되어져야 할 시기가 되어야 비로소 현상이 일어난다.'라는 의미로, 모든 인연에는 때가 있는 법입니다. 지금 눈앞에 보이는 관계의 손익이 전부가 아닙니다. 지금은 내가 손해 보는 것 같고, 상대방 때문에 불편하고 힘들어도 나중에 그 인연이 내게 얼마나 귀하게 작용할지는 아무도 모릅니다. 그러니 섣부른 계산으로 귀한 인연을 잃지 않길 바랍니다.

사람은 셈하는 대상이 아니라 품어주어야 하는 존재입니다.

3

돈으로 거래하는 감정

몇 해 전 한 친구가 제게 이런 말을 했습니다.

친구: "바로 옆자리에 앉아 있는 직장 후배가 질문할 때마다 카카오톡으로 묻더라. 종일 붙어 앉아 있는데 너무 웃기지 않니?"
필자: "네가 엄청 불편한가 봐."
친구: "나한테만 그러는 게 아니고 팀원들 모두에게 그러던데?"

텍스트보다 전화 통화나 대면 소통을 선호하는 입장에선 '말로 바로 물어보는 게 훨씬 편한데, 왜 군이 번거롭게 구구절절 텍스트로 쓰는지' 좀처럼 이해되지 않습니다. 하지만 디지털 환경이 익숙한 Z세대들에겐 다른 이야기입니다. 이들은 배달 애플리케이션, 무인 주문기, 온라인 메신저 등의 비대면 창구가 익숙하기 때문에, 굳이 대면 소통을 하지 않아도 일상생활에 큰 불편함을 느끼지 못합니다. 그런데 오랜 기간 디지털 소통에 익숙해지면 대면 소통이 점차 불편해지고, 상대방을 마주한 채 감정 표현을 하는 것 또한 어려워집니다. 이처럼 타인과 대면 소통하기가 힘든 Z세대의 수요에 맞춰 감정 전달을 대행해 주는 서비스가 생겼습니다. 감정 대행 서비스는 회사에 직접 퇴사 의사를 밝히기 껄끄러운 사람을 위해 사직서 제출부터 퇴직 전 상담, 사무실 짐 정리 등 일련의 퇴사 과정을 전부 대행해 줍니다. 이 밖에도 이별 통보나 사과 등 다양한 상황에서 감정을 대행시킬 수 있습니다. 기억을 돌이켜 보면 회사에 사직서를 제출할 때, 연인에게 이별을 통보할 때, 누군가에게 잘못을 사과할 때 상대방을 면전에 두고 말을 입 밖으로 꺼내는 게 여간 불편하고 껄끄러운 일이 아닙니다. 퇴사 과정만 떠올려도 사직서를 제출하기 전까지 이미 셀 수 없이 많은 고민을 해 온 데다, 사직서 제출 후 상사의 감정받이를 하는 게 얼마나 지치는 일인지 모릅니다.

상사가 몇 날 며칠을 불러 회유하기도 하고, 여러 명의 상사와 면담하는 경우에는 이리저리 불려 다니며 기가 쫙쫙 빠지기도 합니다. 게다가 연인에게 이별을 고하는 건 상대방의 가장 어두운 감정을 직면해야 하기 때문에 상대방이 슬퍼하든, 분노하든, 매달

리든 그 어떤 반응을 내보여도 마주하기 힘든 건 마찬가지입니다.

직장이든 연인이든 한때 인연으로 묶여있던 관계를 끊어내는 건 절연을 결심하기까지의 과정부터 상대방이 받아들이는 과정, 그리고 관계가 완전히 아물 때까지 고충의 연속입니다. 이렇다 보니 저도 마음 같아선 말하기 껄끄러운 이야기와 그로 인한 상대방의 불편한 반응을 최대한 피하고 싶습니다. 하지만 이 과정이 불편하다고 해서 관계의 마무리를 타인에게 요청하는 건, 마치 기말고사 때 시험 문제를 열심히 다 풀고 난 뒤 마지막에 다른 사람 이름으로 제출하는 것과 같은 행동입니다. 다른 사람을 통해 관계의 맞춤표를 찍는 순간, 그동안 마음을 다했던 모든 시간이 한순간에 진정성을 잃게 됩니다.

역으로 입장을 바꾸어 직장에서 퇴사 통보나 연인의 이별 통보를 대행 서비스를 통해 들었다고 생각해 보면, 황당함을 넘어 상대방이 몹시 무례하게 느껴질 것입니다. 만약 나한테 잘못을 저지른 누군가가 사과할 용기가 없다며 대행업체를 통해 사과한다면 상대방의 마음이 진심으로 와닿을까요? 이러한 처신은 자기 마음 편하게 하자고 상대방의 입장은 조금도 배려하지 않은 무책임한 행동입니다.

상대방에게 직접적으로 감정을 표현하는 것이 불편하다고 해서 계속 회피하면 서로를 이해하는 능력이 저하될 수밖에 없습니다. 연애할 때 서로에게 잘 보이기 위해 불편한 말을 꾹 참으며 싸움을 회피해 온 커플이 결혼하면 어떻게 될까요? 이들은 감정을 부딪히며 서로를 깊게 알아갈 기회가 없었기 때문에 서로에 대한 이해도가 낮은 상태에서 어느 날 자신도 모르게 필터링 없이 감정이 치솟으면 서로를 어떻게 감당해야 할지 속수무책일 수 있습니다. 반면에 서슴없이 감정을 드러내며 티격태격 해 온 커플들은 어떻게 하면 상대방이 화가 나는지, 상대방의 분노를 어떻게 다스려야 하는지 충분히 경험하였기 때문에 마찰을 이겨낼 수 있는 면역력이 높습니다.

타인과 감정을 적나라하게 부딪치는 것이 너무 힘든 일이기에, 감정을 정리하는 데 있어 편의를 추구하는 현대인들의 마음은 십분 이해하지만, 불편하더라도 상대방의 입장을 직접 듣고 감정을 마주하여야 사람을 보다 깊게 경험할 수 있고, 이러한 경험이 쌓여야 인간관계가 더욱 성숙해질 수 있습니다.

감정이 상품화된 세상에서 변하지 않는 관계의 가치를 다시금 생각할 수 있길 바랍니다.

4

안전하지 않은 관계

　한정된 자원을 놓고 경쟁하는 자본주의는 성과 지향적 조직 문화를 낳았고, 성과주의는 인간관계를 병들게 하였습니다. 성과 만능주의는 성실하고 정직하게 일하는 직원보다 동료의 실적을 가로채고, 절차를 무시하며, 비윤리적인 행동을 일삼는 얌체들이 더 인정받고 빠르게 승진하는 조직 분위기를 만듭니다. 그렇게 되면 직원들은 윤리적인 행동보다 실적을 더 우선시하게 되고, 동료를 그저 경쟁자로 인식하여 서로를 끊임없이 시기하고, 불신하고, 경계하게 됩니다. 이처럼 상호 불신의 환경에 익숙해지면 인간관계를 아군이냐 적군이냐, 나에게 도움이 되느냐 마느냐와 같은 이분법적 사고로 사람을 가려내게 됩니다. 같은 공간에서 근무해도 내 사람이 아니라고 판단한 사람과는 철저하게 선을 긋고 도움을 외면하며, 마치 적군을 대하듯 공격적인 태도를 취합니다. 이렇게 관계의 온정이 메마르면 이해와 목적이 앞서는 형식적인 관계만 남게 됩니다. 형식적인 관계가 나쁘다는 것이 아니라 형식적인 관계만 남는다는 게 문제입니다. 앞에선 서로 웃고 있지만 등 뒤에선 각자의 칼을 품고 있는 목적에 의한 만남에서 진심이 존재하기는 만무합니다. 그저 자신의 이익을 위한 치열한 계산만 있을 뿐이지요. 이렇게 진정성이 결여된 관계에서는 서로를 향한 경계와 불신이 난무하여 정서적 안정감을 느낄 수 없습니다.

자신의 안전이 확보되지 않은 관계에서는 상대방이 언제든 자신에게 불이익을 끼칠 수 있다는 생각에 중요한 문제가 발생해도 은폐하기 급급하고, 실적을 부풀리는 등 거짓의 거짓을 낳아 결과적으로 상황을 더 악화시킵니다. 그렇다면 상대방으로부터 안전함을 느낄 수 있는 관계는 어떻게 만들어질까요? 사람은 타인의 관심과 사랑으로 심리적 안정감을 얻는 사회적 동물이기에 관계의 진정성이 중요합니다. 그리고 그 진정성은 '나'로부터 시작되어야 합니다. 나부터가 상대를 주식 차트 보듯 대하면서 상대방에게 진심 어린 관심을 바라는 건 모순된 행동이니까요.

타인에게 관심과 사랑을 기울이는 건 아주 어려운 일이 아닙니다. 성과가 전부인 듯한 세상에서 눈앞의 이익보단 사람의 가치가 우선시되고, 만족스럽지 못한 결과에도 비난과 질책보단 따뜻한 격려가 앞서고, 상호 존중과 배려가 중시되는 분위기가 조성되면 상대는 자연스럽게 관계로부터 안전함을 느끼게 됩니다. 상대방으로부터 자신의 부족함이 약점이 되어 공격받지 않을 것이라는 안전이 확보되면 상대방을 향한 방어적인 태도는 사라지고 관계의 진정성이 자리 잡게 될 것입니다. 요즘같이 인간관계가 삭막한 시대일수록 타인을 향한 관심과 사랑은 더욱 절실합니다.

1800년대에 저술된 톨스토이의 단편 소설 『사람은 무엇으로 사는가』에서 '인간에겐 측은지심이 있고, 사람은 사랑으로 산다.'는 메시지는 100년이 더 지난 지금도, 그리고 앞으로도 사람이 사람과 더불어 살아가는 데 가장 중요한 요소가 아닐까요?

각박해진 세상에서도 사람이 사람에게 향하는 온기는 변하지 않길 바랍니다.

가면에 갇힌 사람들

사람들은 자신이 의도하든 의도하지 않든 타인과의 만남에서 가면을 씁니다. 우리가 가면을 쓰는 이유는 타인에게 자신이 원하는 자아를 보여주고 싶은 욕구, 타인의 기대치, 사회적 역할 등 다양합니다. 내면의 자아는 늘 불안에 떨고 있지만, 직장에서는 리더 역할을 소화하느라 늘 태연한 척 연기하기도 하고, 누군가에게 멋있게 보이고 싶어서 여유 넘치는 척 허세를 부리기도 하며, 자신을 존경하는 상대방의 기대치에 맞춰 더 바르게 행동하기도 합니다.

저는 평소에는 덜렁대지만 사회적 역할과 타인의 기대치에 충실하고자 일할 땐 빈틈없는 척하고, 강의할 땐 진중한 사람인 것처럼 둔감합니다. 게다가 저의 원래 성격은 무뚝뚝한 편인데, 사회적 관계에선 꽤 싹싹하고 친절합니다. 이 또한 타인에게 제가 원하는 자아를 보여주고자 하는 욕구겠지요. 이렇게 제 가면을 들춰내고 보니 저의 민낯을 너무 드러낸 것 같아 더는 말을 아끼겠습니다.

자, 이제 질문을 하나 하겠습니다. 방금 저의 둔갑술을 공개한 행위는 저의 솔직한 모습을 드러낸 것일까요? 아니면 솔직한 자아를 보이고 싶은 저의 욕구를 드러낸 것일까요? 정답은 없습니다. 왜냐하면 저도 잘 모르겠거든요. 분명 과거의 저라면 저의 실체를 이렇게 공개하지 않았을 텐데, 중년이 되니 저의 부족함을 드러내는 게 덜 부끄럽긴 하네요. 그래서 덤덤하게 이야기한 것 같기도 하면서도, 한편으론 이 책의 저자로서 이 장에서 말씀드리고자 하는 메시지를 보다 설득력 있게 전달하기 위한 의도일 수도 있습니다. 그러니 판단은 여러분의 몫입니다.

여기서 중요한 건 저처럼 자신이 가면을 썼는지 안 썼는지 구분하지 못하는 사람들이 많다는 것입니다. 사회적 역할에 너무 충실하다 보면 본연의 자아를 잊어버리는 경우가 있습니다. 수십 년간 자신의 배역에 자아를 맞추다 보면 가면을 쓴 자아를 자신의 진짜 모습으로 인식하기 쉽습니다.

심리학자 칼 융은 "인간은 천 개의 페르소나를 지닌 채 상황에 맞게 적절한 페르소나를 사용하며 관계를 유지한다."라고 하였습니다. 이렇다 보니 어릴 땐 보이는 데로 사람을 믿었다면, 언젠가부턴 어느 정도 상대방의 가면을 감안하고 이야기를 듣기 시작하였고, 지금은 상대가 쓴 가면의 배경과 그 의도까지 생각하는 지경에 이르렀습니다. 이 말은 바꿔 말하면 눈앞에 보이는 상대방의 모습을 곧이곧대로 믿지 않는다는 의미이기도 합니다. 그렇다고 상대방의 언행이 전부 거짓이라는 것은 아닙니다. 가면을 쓴 모습 또한 상대방의 일부니까요. 다만, 상대방이 보여준 모습 외에 다른 모습 또한 존재할 것이라 가늠할 뿐입니다. 인간이 다양한 페르소나를 만들었다는 건 치열한 사회에서 더 잘 살아가기 위한 생존 본능이기도 합니다.

현대 사회에서 상황에 맞춰 자신의 역할에 충실한 것은 프로페셔널한 태도입니다. 하지만 가면이 익숙해진 나머지 굳이 각을 잡을 필요가 없는 인간관계에서조차 가면을 쓸 때가 있습니다. 가면과 가면이 만나 친분을 쌓으면 진정성이 결여된 관계로 발전하게 됩니다. 나이가 들수록 친구를 사귀기가 어려운 것도, 관계의 손절이 빛의 속도로 빠른 것도 가면을 내려놓지 못함에서 오는 진정성의 부재 때문입니다. 모든 관계에서 가면을 벗을 순 없지만, 가면을 내려놓을 수 있는 관계는 반드시 필요합니다.

자신이 만들어 놓은 가면에 갇혀 진정성 있는 관계로부터 자신을 고립시키지 않길 바랍니다.

6

영웅과 테러리스트의 한 끗 차이

안중근 의사는 역사적으론 위대한 독립운동가이지만, 한 가정의 가장으로서는 책임을 다하지 못하였습니다. 안중근은 가장으로서 경제 활동을 하지 않았고, 그의 아내 김아려는 생사도 확인할 수 없는 낯선 땅에서 돌아올 기약도 없이 의병 활동을 하는 남편을 기다리며 홀로 아이 셋을 키웠습니다. 안중근이 이토 히로부미를 저격한 이후 안중근의 아내 김아려는 가족들과 함께 러시아극동 지역과 만주, 상해를 옮겨 다니며 살았는데, 김아려가 두 아들을 데리고 한국을 떠나며 장녀 안현생을 명동 수녀원에 맡기는바람에 여덟 살이었던 안현생은 일순간에 가족들과 생이별을 하게 되었고, 안중근의 큰아들 분도는 일곱 살 나이에 만주에서 숨을 거두었습니다.

훗날 안중근의 차남 안준생은 이토 히로부미의 차남에게 아버지의 죄를 사죄하는데, 이를 두고 안중근의 자식을 '친일'이라고 손가락질하는 사람들도 있었지만, 안중근의 거사 이후 이들이 얼마나 고된 삶을 살았을지 생각하면 사죄보다 더한 일도 할 수 있지 않았을까 싶습니다. 만약 이들의 아버지가 안중근이 아니었다면 아예 다른 삶을 살았을지도 모릅니다. 적어도 일곱 살 나이에 타국을 전전하다 목숨을 잃진 않았겠지요.

이번엔 일제의 관점에서 안중근을 바라보겠습니다. 우리의 입장에서 이토 히로부미는 을사늑약으로 대한민국의 외교권과 군사권을 박탈하고, 끊임없이 순종을 가스라이팅하며 조선을 능멸한 천하의 악인이지만, 일제의 입장에서 바라본 이토 히로부미는 일본의 근대화를 추진하며 국방력과 국력 향상에 기여한 최고의 충신입니다. 그러니 이들에게 있어 안중근은 그저 국가 최고의 충신을 살해한 테러리스트에 불과합니다. 이처럼 관점에 따라 안중근 의사는 위대한 영웅이자, 무책임한 가장이자 동시에 테러리스트입니다.

우리는 상대방을 정의할 때 자기중심적으로 해석합니다. 직장에서 자신을 달달 볶는 상사를 악인으로 보는 것도 그 때문이지요. 하지만 그는 어쩌면 그의 가족들에겐 세상 그 누구보다 다정다감한 존재일 수 있고, 동호회에서는 늘 솔선수범하여 사람들을 돕는 영웅일 수 있습니다. 이러한 관점의 차이를 인간관계에서 유용하게 활용하는 방법이 있습니다.

상대방을 정의할 때 더욱 넓은 관점에서 바라보면 상대방의 또 다른 면모를 끌어낼 수 있습니다. 앞서 말씀드린 것처럼 인간에게는 천 개의 페르소나가 있는데, 상대방을 '이런 사람이다'라고 단정 짓는 순간 나머지 페르소나를 꺼낼 수 있는 기회가 사라집니다. 사람은 타인의 기대치에 맞추어 행동하려는 사회성이 있기 때문에, 다른 관점에서 타인의 새로운 모습을 끄집어내면 이전과는 다른 관계가 형성될 수 있습니다.

저는 지나치게 예민하고 날카로운 성품을 지닌 지인으로부터 오랜 시간 스트레스를 받아오다 관점을 바꾼 뒤 관계가 아주 편해졌습니다. 상대방의 철갑 같은 언행 속에 감춰진 천진한 모습을 끌어내고자 마치 다섯 살짜리 아이를 대하듯 이래도 우쭈쭈 저래도 우쭈쭈하며 온화하게 대해주었습니다. 그렇게 수개월이 지나자 놀라운 변화가 일어났습니다. 분명 찔러도 피 한 방울 안 날 것 같았던 사람인데 감정의 민낯을 그대로 드러내기도 하고, 어린아이처럼 해맑은 표정을 지어 보이는 등 완전히 다른 사람이 되었습니다. 물론 이러한 변화를 일으키기까지 상당한 인내가 필요하긴 했지만요. (웃음)

아무리 나와 안 맞고 불편한 사람이라도 상대방에 대한 부정적인 감정을 거둬내고 다양한 각도에서 바라보기 시작하면 상대방과의 간극을 좁힐 수 있는 새로운 단서를 찾을 수 있습니다. 모든 건 관점의 차이일 뿐, 단정 지을 수 있는 관계란 없습니다.

7

사람은 평가의 대상이 아니다

예전에 한 독서 모임에서 모임장이 참가자들에게 '책의 평점'을 물어본 적이 있습니다. 저는 그 질문을 듣고 순간 당황해서 이렇게 말했습니다.

"이 책이 제게 어떤 영향을 미쳤는지는 이야기할 수는 있어도, 제가 감히 이 책을 몇 점이라고 평가하는 건 어려울 것 같아요."

제가 이렇게 책의 평점에 민감했던 이유는 책 한 권이 완성되기까지 얼마나 많은 고민이 들어가고, 고된 시간을 견뎌야 하는지 누구보다 잘 알기 때문입니다. 집필 기획부터 초고를 완성하는 데까지도 보통 일이 아니지만, 집필이 끝난 뒤에도 수없이 반복해서 읽고 또 읽으며 숱한 수정을 거친 뒤에야 어렵게 세상에 나오는

데, 그 고단한 과정을 단지 별(★) 1~5개로 평가받는 게 속상했던 것 같습니다.

우리가 대상을 쉽게 평가하는 건 과정보다 결과를 중시하는 사회에서 살아왔기 때문입니다. 학생들은 끊임없이 시험을 치르며 성적으로 평가되고, 직장인들은 연말이면 실적으로 평가받으며, 사업가들은 연 매출로 기업의 가치를 평가받습니다. 이 밖에도 인간관계에서 알게 모르게 끊임없이 누군가를 평가하고 자신 또한 평가당하고 있기에 우리에겐 '평가'가 참 익숙하지만, 평가 사회는 사람의 목숨을 위협할 만큼 치명적인 독으로 작용하기도 합니다.

몇 해 전 직장인 익명 커뮤니티에 00 기업에 재직 중으로 추정되는 한 직원이 '인사 평가 시즌에 유서가 올라오는 이유'라는 제목의 글을 올려 화제가 된 적이 있습니다. 도마 위에 오른 00 기업은 그간 과제를 함께 수행한 동료들이 자신을 평가하게 하고, 그 결과를 당사자에게 "너와 함께 일한 동료 중 몇 명이 너와 다시 일하고 싶지 않다고 했다."라는 식으로 통보했습니다. 하루 중 가장 오랜 시간을 함께 보내며 의지하던 동료들로부터 이런 평가를 받는 건 큰 충격이자 상처가 아닐 수 없습니다.

우리는 일상에서 시시각각 타인을 평가하면서도 타인이 나를 평가하면 불쾌해합니다. 왜냐하면 자신이 타인을 평가할 땐 결과치나 눈앞에 보이는 단편적인 부분만 보고 쉽게 판단하지만, 정작 자신이 평가받을 땐 보이지 않는 과정이나 내적 가치까지 알아봐 주길 바라기 때문에 타인의 평가는 섣부르다고 생각하는 것입니다. 그렇다면 과연 사람이 사람을 평가하는 건 옳은 일일까요?

　우선 옳고 그름을 떠나서 평가의 정확성에 대해 먼저 살펴봅시다. 간혹 '나는 사람을 잘 보는 편'이라고 말하는 사람이 있는데, 사실 인간은 객관적인 평가가 어려운 존재입니다. 인간의 판단은 '휴리스틱'이 적용될 때가 많습니다. 휴리스틱(Heuristic)이란 합리적인 사고방식을 기반으로 결론을 도출하는 것이 아니라 이전 경험이나 주변 단서를 통해 발생하는 편견을 잣대로 결정하는 사고방식입니다.

　우리가 무언가를 판단할 때 근래에 온라인에서 접한 정보나 지인에게 들은 이야기와 같이 사소한 경험을 근거로 주먹구구식으로 판단하는 일이 부지기수며, 감정 상태의 영향도 많이 받습니다. 만약 혹자가 자신은 데이터에 입각하여 객관적인 판단을 하고 있다고 자부한다면 (속으로) 마음껏 비웃어도 좋습니다. 같은 데이터 값이라도 자신의 경험치와 감정 상태에 따라 해석이 달라질 수 있으니까요. 게다가 사람은 누구나 자신이 보고 싶은 대로 보고, 믿고 싶지 않은 정보는 외면하는 '확증 편향'을 가지고 있기 때문에 사람을 객관적으로 판단하는 건 불가능에 가깝습니다. 그러므로 사람을 평가하는 건 굉장히 주관적이고 오만한 태도입니다. 사람은 그 자체만으로 귀한 존재인 것이지, 경솔하게 평가의 잣대를

들이댈 수 있는 대상이 아닙니다.

　사회가 아무리 각박해지고, 인간관계가 삭막해져도 '사람은 평가의 대상이 아니라 이해의 대상'이라는 본질은 변함이 없습니다. 타인을 있는 그대로 오롯이 받아들일 때 평가의 영역은 자연스레 소멸됩니다.

8

오해의 굴레에서 벗어나려면?

오해는 과거와 현재를 불문하고 때와 장소를 가리지 않고 끊임없이 일어나고 있습니다. 일상에서 소통이 제대로 이루어지지 않아 오해가 생기기도 하고, 상황의 일부만 보고 잘못 판단하기도 하며, 자신의 선입견과 감정 상태에 의해 상대방의 의도와 전혀 다르게 해석하기도 합니다. 게다가 오해의 정도도 제각각이라 만나서 술 한잔하며 가볍게 풀 수 있는 정도가 있고, 오해가 쌓이고 쌓여 풀 수 없을 정도로 매듭이 꼬여 절연으로 이어지는 경우도 있습니다. 이처럼 인간관계에서 치명적인 갈등을 일으키는 '오해'는 대체 왜 생기는 것일까요? 오해가 생기는 원인은 다양하지만, 소통의 오류나 특정 장면을 목격하는 등의 외부 요인을 제하고 인간의 뇌와 심리 등 내부 요인을 중점으로 설명하겠습니다.

우리의 일상에서 흔히 이루어지는 판단 중 70~80%는 무의식의 결정입니다. 그 이유를 설명하기 위해 잠시 수렵채집 시절로 돌아가 보겠습니다. 그날그날 사냥해서 끼니를 때우던 시절에는 사냥에 실패하는 날엔 온 가족이 굶주려야 했습니다. 이러한 상황에서 하루 섭취 열량의 20~25%를 소비하는 두뇌를 온전히 가동하는 건 상당한 부담이었기 때문에 우리 뇌는 절전 모드*를 만들었습니다. 그래서 중대한 사고가 필요하지 않은 일상에선 뇌가 절전 모드로 작동하여 즉각적이고 직관적인 판단을 하게 됩니다.

이러한 뇌의 절전 모드는 인간관계에서 오해를 일으키는 주요 원인이 됩니다. 우리는 타인과 실시간으로 대화를 주고받을 때 상대방의 말에 1초의 망설임도 없이 즉흥적으로 받아치는 경우가 대다수입니다. 이 말은 바꿔 말하면 상대방과 소통할 때 상대의 입장에서 깊게 사고하는 뇌의 시스템을 사용하는 대신, 절전 모드 상태에서 자기중심적 사고를 베이스로 즉각적인 피드백을 하는 것입니다. 결과적으로 상대방의 의도와 나의 해석이 완전히 따

---

* 심리학자 최초로 노벨경제학상을 수상한 대니얼 카너먼(Daniel Kahneman)의 이론으로 인간의 뇌는 두 가지의 사고 체계가 존재하며, 이를 시스템 1과 시스템 2로 정의한다. 시스템 1은 빠르고 자동적이며 직관적인 사고를 관장하고, 시스템 2는 느리고, 신중하고, 분석적인 사고를 한다. 본문에서 언급한 '절전 모드'는 시스템 1에 해당된다.

로 노는 셈입니다. 그러다 오해가 붉어지면 상대방을 탓하는 경우는 많아도 '내 뇌가 절전모드 상태라 나 편한 대로 생각했구나…'라고 생각하는 사람은 거의 없습니다.

제가 가끔 참여하는 독서 모임은 크게 자유 도서 모임과 지정 도서 모임으로 나뉘는데, 자유 도서 모임은 서로 다른 책을 자유롭게 읽고 난 뒤 각자가 읽은 책을 소개하는 방식이고, 지정 도서 모임은 모두가 같은 책을 읽고 토론하는 방식입니다. 자유 도서 모임은 다양한 책을 접할 수 있는 장점이 있고, 지정 도서 모임은 한 가지 주제로 깊게 토론할 수 있는 장점이 있습니다. 그런데 지정 도서 모임에 참여하면 분명 모두가 같은 책을 읽었음에도 책에 대한 견해차가 커서 깜짝깜짝 놀랄 때가 있습니다. 특히 가장 인상 깊었던 구절을 돌아가면서 이야기하다 보면 전원이 겹치지 않을 때가 있는데, 그때마다 생각의 다양성을 실감하게 됩니다.

그렇다면 생각의 다양성은 어디에서부터 시작되는 것일까요? 사람은 누구나 자신만의 경험을 축적하며 살아가고, 매 순간 누적된 경험에 의해 생성된 심리 패턴이 반응합니다. 가령 누군가는 '붉은색 솜사탕'이라는 단어를 접했을 때 과거에 형성된 붉은 색에 대해 부정적인 심리 패턴이 활성화되어 공포를 느끼며 신경을 곤두세우고, 또 다른 누군가는 어릴 적 솜사탕에 관한 행복한 기억이 반응하여 긍정적인 감정이 차오릅니다. 그러니 모두가 같은 문장을 봐도 저마다 해석이 다르고, 심지어 동일한 단어라도 느끼는 깊이와 감정이 다르니, 한 권의 책을 서로 다르게 받아들이는 건 너무 당연한 이야기겠지요.

이러한 해석의 차이는 우리의 삶에도 고스란히 적용됩니다. 동일한 사건이 발생하여도 누군가는 극단적인 선택을 할 만큼 치명적으로 받아들이고, 다른 누군가는 덤덤하게 받아들입니다. 직장에서 같은 업무 지시를 받아도 받아들이는 영역이 제각각인지라 지시자의 의도와 전혀 다른 결과물이 나오기도 하고, 전체 메일을 받아도 발신자의 의도를 서로 다르게 해석하기도 합니다. 게다가 인간의 자기중심적 사고는 타인이 느끼는 단어의 무게와 이해 정도를 정확하게 파악하기 어렵게 만들기 때문에 인간관계에서 오해는 안 생기려야 안 생길 수 없는 것 같습니다.

그렇다면 매일 시시각각 발생하는 오해의 굴레에서 벗어나기 위해서는 어떻게 해야 할까요?

우선 생각의 다양성을 인정해야 합니다. 한 가지 의견에도 수백 가지의 다른 견해가 있을 수 있다는 것을 받아들여야 오해가 생길 법한 상황에서도 유연한 사고가 가능합니다.

사람들은 상대방이 자신의 의도와 전혀 다르게 받아들이면 당혹스러움을 감추지 못한 채 "어떻게 이 말을 그렇게 이해할 수 있지?" 하며 못마땅해하곤 합니다. 이럴 땐 잠시 호흡을 고른 뒤 '이렇게 생각할 수도 있구나!' 하며 생각을 받아들일 수 있는 여유를 찾는 것이 급선무입니다. 생각지도 못한 다양한 생각을 받아들이기 시작하면 사고의 폭이 확장되어 상대방이 오해할 수도 있을 법한 다양한 경우의 수를 미리 생각해 낼 수 있습니다.

인간관계의 오해는 자기중심적 사고로부터 시작되는 경우가 태반이라 생각의 다양성을 이해하기 위해서는 다양한 생각이 자유롭게 오가는 소통의 장이 필요합니다.

이해관계로 얽힌 사람들과는 자유로운 소통이 어렵고, 가까운 지인들과는 대화 소재가 늘 비슷하기 때문에 폭 넓게 사고하며 풍부한 의견을 나눌 수 있는 소통의 창구를 찾는 것은 쉬운 일이 아닙니다. 개인적으론 낯선 사람들과 다양하고 자유롭게 소통할 수 있는 독서 모임을 추천합니다. 새로운 사람들과 다양한 생각을 교류하며 사고의 폭을 풍성하게 확장해 나가면 사람에 대한 이해의 폭이 넓어져 인간관계도 유연해지고 오해의 굴레로부터 조금씩 벗어날 수 있습니다.

9

관계의 과잉 의도

저는 한 번씩 불면증에 시달릴 때 잠들려고 애쓸수록 머리가 더 맑아지곤 합니다. 지금 당장 자야 한다는 압박이 도리어 잠을 달아나게 만드는 것입니다. 그리고 유튜브 촬영할 때 말을 안 틀리려고 신경을 곤두세우면 오히려 말을 더 버벅대게 되고, 집필할 때도 너무 잘 쓰려고 힘을 주면 머릿속이 하얗게 질려버립니다. 이처럼 의도가 지나치면 도리어 일을 그르치게 되는 것을 심리 치료 이론인 로고테라피에서는 '과잉 의도'라고 합니다. 이러한 의도의 역설은 인간관계에도 고스란히 적용됩니다. 아무리 친한 친구라도 지나치게 의존하면 멀어지기 쉽고, 부모의 과잉보호는 자녀의 독립심을 저해하며, 사랑하는 연인 사이라도 애정과 관심이 지나치면 집착을 부릅니다.

더 큰 문제는 자신의 과잉 의도가 부작용을 일으키고 있다는 사실을 자각하지 못하는 것입니다. 설령 상대방이 버거워하고 있는 것이 느껴지더라도 빠르게 합리화합니다.

"다 네가 잘되라고 그러는 거지."

"너를 너무 사랑해서 그래."

"믿을 사람이 너밖에 없어."

분명 상대방에 대한 애정은 가득하지만, 상대방이 느끼는 건 애정보단 구속에 가까울 수 있습니다.

동양 의학의 기초 이론이자 명리학의 뿌리인 음양오행(陰陽五行) 학설과 과잉 의도는 일맥상통하는 부분이 있습니다. 오행(五行)이란 만물을 조성하는 다섯 가지의 원기(元氣)로 목(木)·화(火)·토(土)·금(金)·수(水)를 의미합니다. 이 중 하나의 기운이 과도하게 치우치면 다른 기운을 제압하게 됩니다. 예를 들면, 수(水)의 기운이 지나치게 강하면 화(火)의 기운을 제압하여 불을 꺼트리는 것을 의미합니다. 음양(陰陽)은 절기의 변화를 생각하면 이해하기 쉽습니다. 한여름 뜨거운 양기가 극에 달하면 처서로 절기가 바뀌며 선선한 음의 기운이 살아나고, 한겨울 냉랭한 음의 기운이 극에 달하면 입춘으로 절기가 넘어가며 양기가 올라오기 시작합니다.

자연이든 사람이든 어느 한쪽으로 에너지가 과도하게 치우치면 부작용이 생기기 마련입니다. 아무리 우기가 간절한 시기라도 폭우가 몇 달간 계속 지속되면 재해가 될 뿐이고, 아무리 사랑이 필요한 사람이라도 애정이 지나치면 관계가 훼손될 수 있습니다. 몇 해 전 애인을 살해한 한 남성이 범행 동기를 "사랑해서 죽였다."라고 말한 것도 과잉 의도가 빚은 참사입니다.

'과유불급(過猶不及)'이라는 말이 있죠. 정도를 지나침은 미치지 못한 것과 같습니다. 그래서 늘 사람을 대함에 있어 넘치거나 부족하지 않은지 돌아볼 필요가 있습니다.

상대방을 향한 좋은 마음이 늘 상대에게 좋은 의도로만 닿는 것은 아닙니다. 인간관계는 자신의 의도보다 상대가 어떻게 느끼는지가 더 중요합니다. 상대방이 불편하게 느끼는 한 세상 그 어떤 선의도 정당화될 수 없음을 기억하시길 바랍니다.

10

갈등은 해납백천(海納百川)으로

세상이 변해도 인간관계에서 사라지지 않는 불편함이 있습니다. 바로 갈등입니다.

수십 년을 함께한 부부도 부딪히는 날이 있고, 죽마고우와도 티격태격할 때가 있으며, 죽고 못 사는 사랑하는 연인과도 갈등을 겪을 때가 있습니다. 인간관계는 늘 갈등과 화해의 연속이라는 것을 잘 알고 있지만, 매번 부딪힐 때마다 감정과 에너지 소모가 상당한 건 어쩔 수 없습니다. 그렇다면 갈등을 없애는 방법이 있을까요?

갈등을 최소화하기 위해 노력할 순 있지만, 아무리 나와 잘 맞는 사람을 만나도 생각이 늘 일치될 순 없기 때문에 잡음이 날 수

밖에 없습니다.

갈등을 대하는 최선책은 갈등을 안 만드는 것이 아니라 잘 해결하는 것입니다. 갈등 해결법에 대해 상대방의 말을 경청하고, 공감하라는 진부한 이야기는 하지 않겠습니다. '역지사지'도 말이 쉽지, 사람은 무의식중에 자기중심적 사고가 먼저 발동하기 때문에 이 또한 결코 쉬운 일이 아닙니다. 제가 제안하는 대안은 '그릇 강화'입니다. 여기서 말하는 그릇이란 밥그릇을 의미하는 것이 아니기 때문에 이해를 돕기 위해 위장과 대장에 비유하여 설명하겠습니다. 어릴 때 저의 엄청난 식성을 보고 어른들이 하시던 말씀이 있습니다.

"네 나이 땐 철도 씹어 먹을 나이지."

위장이 건강할 때는 하루에 서너 끼를 배 터지게 먹어도 개운하게 소화해 내고, 어떤 음식을 먹어도 속이 부대끼지 않아 뭐든 가리지 않고 먹을 수 있습니다. 그런데 나이가 들면서 위장이 약해지면 위산 분비가 줄어들며 소화 효소도 부족해져 소화력이 떨어집니다. 소화가 잘 안되면 음식물이 위를 통과해서 아래로 내려가지 못해 더부룩한 느낌이 듭니다. 마찬가지로 대장이 건강하면 전날 뭘 먹어도 다음 날 아침이면 시원하게 배변할 수 있습니다. 그런데 대장이 약해지면 장내 신경 세포 수가 감소하여 장의 연동 운동이 활발하지 못해 변비가 생깁니다. 즉, 아무리 외부에서 들어온 음식의 양이 막대해도 장이 튼튼하면 말끔히 소화해 낼 수 있습니다.

이처럼 마음의 그릇 또한 넓고 튼튼하면 온갖 걸 퍼다 담아도 거뜬히 소화해 내지만, 그릇이 작고 부실하면 작은 자극에도 쉽게 깨져버립니다.

보통 인간관계에서 발생하는 갈등의 요인을 상대방이나 외부 상황 때문이라고 생각하지만, 인간관계의 갈등 여부는 내부 소화력에 달려있습니다.

중국 송대의 사서 『통감절요』 중 한 대목에서 유래된 '해납백천 유용내대(海納百川 有容乃大)'라는 성어가 있습니다. 이는 '바다는 모든 하천을 받아들이는 너그러움이 있어 거대하다.'라는 뜻으로, 다른 사람들을 너그럽게 감싸고 포용하는 마음을 의미합니다.

세상엔 절대 용서할 수 없는 사람을 포용하는 사람들이 있습니다. 몇 해 전 광주에서 5.18 민주화 운동 당시 계엄군으로 투입되었던 공수부대원이 희생자 유가족을 만나 41년 만에 사죄하였습니다. 그는 머리를 숙여 사과하였고, 피해자 유족은 눈물을 흘리며 안아주었습니다. 사실 내 가족을 죽인 사람을 용서하는 건 매우 어려운 일입니다. 이처럼 평생 가슴에 한으로 남은 가족의 죽음마저 포용하는 사람이 있는 반면, 상대방의 사소한 결점조차 감싸주지 못하는 사람도 있습니다. 일상에서 흔히 발생하는 갈등은 지나고 나면 별일이 아닌 사소한 문제가 대다수인데도 마음의 그릇이 부실해서 소화하지 못할 때가 많습니다. 마음의 그릇이 넓고 튼튼하면 굳이 대화 스킬을 발휘하거나 역지사지하지 않아도 상대방을 고스란히 품어주는 아량이 발휘됩니다. 그릇이 작고 약한 사람은 외부의 자극을 조금도 소화해 내지 못한 채 '아니! 어떻게 그럴 수 있어?'와 같은 불만의 언어가 먼저 나가지만, 그릇이 단단하고 넓은 사람은 '그래~ 그럴 수 있지!' 하며 마음의 그릇에 상대방의 생각을 고스란히 담아낸 뒤 자신의 의견을 조심스럽게 덧붙입니다.

아무리 거세게 돌을 던져도 타격은커녕 무슨 일이 있었냐는 듯 평온한 바다처럼, 넓고 깊은 마음은 타인과의 갈등을 고요하게 품어내어 어떠한 상황에서도 평정심을 잃지 않게 만듭니다. 둘 중의 한 명만 마음이 바다와 같아도 갈등은 쉽게 생기지 않는다는 것을 기억하길 바랍니다.

11

당연한 사람은 없다

저는 얼마 전 손을 다쳐 깁스를 하는 바람에 일상생활이 불편해지면서 새삼 왼손의 소중함을 깨달았습니다. 사실 사지육신이 불편함 없이 살아가는 것만으로도 정말 감사한 일인데, 저는 그동안 어쩜 그렇게 불만이 많았는지 모르겠습니다. 일이 조금만 안 풀려도 머리를 쥐어뜯으며 괴로워하고, 감사한 게 널린 일상을 너무 당연하게만 생각했습니다. 그러다 이렇게 한 번씩 다치거나 불편한 상황이 생기면 그제서야 평범한 일상을 그리며 뒤늦게 소중함을 깨닫게 됩니다. 이처럼 우리 주위에는 아주 중요하지만 간과되고 있는 것들이 많습니다.

대표적인 예로 '얼음'이 있습니다. 매일 마시는 아이스아메리

카노에 둥둥 떠 있는 얼음을 보며 얼음의 중요성에 대해 생각하는 사람은 많지 않을 겁니다. 겨울철 강이 꽁꽁 얼어붙을 정도의 매서운 추위에도 강 속 깊은 곳의 생명체가 생명을 유지할 수 있는 건, 기온이 떨어질수록 강 표면의 얼음이 점점 두꺼워지며 차가운 공기를 차단해 주기 때문입니다.

물 연구가 최종수 박사의 저서 『물은 비밀을 알고 있다』에서는 이렇게 소개합니다. "육상 생태계가 존재하기 위해서는 1차 생산자인 식물이 있어야 하고, 식물이 자라기 위해서는 부드러운 흙이 있어야 합니다. 이때 큰 바위가 작은 돌멩이를 거쳐 부드러운 흙이 되는 풍화작용을 보면, 거대한 바위틈 사이에 스며든 물이 얼어 부피가 팽창하면서 큰 바위는 작은 바위로, 작은 바위는 자갈로, 자갈은 모래가 됩니다. 결국 이 과정을 거쳐 큰 바위는 흙이 됩니다. 만약 물이 얼면서 팽창하지 않았다면 부드러운 흙은 만들어질 수 없고, 다양한 식물은 존재할 수 없습니다."

우리가 무심코 지나치는 꽁꽁 얼어붙은 강 표면의 얼음이 강 속에 생명체를 살리고, 물이 얼어 고체가 되는 과정이 생태계의 근원이 된다는 사실을 알면 새삼 물의 소중함을 느끼게 됩니다. 우리는 물 없이는 하루를 살기도 힘들지만, 평소엔 감사함을 새카맣게 잊고 살아갑니다. 이처럼 인간관계 역시 소중함이 경시될 때가 많습니다. 너무 가깝고 익숙한 관계에선 상대방의 배려와 관심을 당연하게 생각하게 됩니다.

'든 사람은 몰라도 난 사람은 안다'라는 말처럼 우리는 사람을 잃고 나서야 뒤늦게 소중함을 깨닫곤 합니다. 참 아이러니하게도 사람은 얻는 것에 대한 가치보다 잃어버린 것에 대한 손실을 더 크게 생각하면서도, 인간관계에서는 상실감이 생기기 전까지 어떠한 노력도 기울이지 않는 경우가 많습니다.

평소에 그 누구보다 열심히 일하던 직원이 퇴사하고, 사랑하는 연인이 어느 날 갑자기 이별을 고하고, 세상에서 가장 의지하던 부모님이 돌아가시면 말로 표현할 수 없는 깊은 상실감이 들지만, 당장 눈앞에 상황이 닥치지 않는 한 평소에 감사한 마음을 유지하기는 어렵습니다. 제가 왼손을 다치기 전까지 왼손의 중요성과 평범한 일상의 소중함을 간과한 것과 마찬가지이지요.

우리가 이렇게 감사함을 간과하는 이유는 당연하다고 느끼는 마음 때문입니다.

'부모니까 당연히 이 정도는 해줘야지.'

'친구니까 당연히 이 정도는 이해해 줘야지.'

'연인이니까 당연히 이 정도는 맞춰줘야지.'

세상에 당연한 사람은 없습니다. 아무리 가까운 사이라도 의무를 정당화할 수 없습니다.

동생이 내 짐을 들어주면 '고마운 것'이지, 동생이니까 내 짐을 들어주는 게 '당연한 것'이 아니며, 매일 아침 일찍 출근하는 배우자를 보며 '가장이니까 당연한 거지'가 아니라 '가족을 위해 열심히 일해 줘서 고마운 것'입니다. 지금 이 글을 읽고 그동안 너무 당연하게 생각했던 소중한 누군가가 떠올랐다면 제 의도의 반은 성공한 거고 반은 실패한 겁니다. 왜냐하면 내일이면 다시 소중함이 당연함이 될 가능성이 높으니까요. 저는 이를 방지하고자 사소한 일에도 '감사하다'는 표현을 달고 살고 있습니다. 쥐똥만큼 감사한 일에도 의식적으로 입 밖으로 감사하다고 표현하면 마음이 말을 따라가기 때문에 감사한 마음이 점차 부풀어 오르고, 이것이 습관이 되면 나중에는 굳이 의식하지 않아도 표현이 절로 나오기 시작하여 감사한 마음을 유지할 수 있습니다.

일상에서 작은 노력만 기울여도 인간관계에서 소 잃고 외양간 고치는 일은 예방할 수 있습니다.

12

변하지 않지만 변하는 사람

우리는 '사람은 고쳐 쓰는 것이 아니다.'라는 표현에 익숙합니다. 그 이유는 사람을 겪을수록 사람의 본성은 쉽게 변하지 않는다는 것을 실감하기 때문입니다. 저는 대학생 때 MBTI 검사를 처음 접했는데, 그로부터 십여 년 뒤 다시 검사해 보니 대학생 때와 동일한 결과가 나왔습니다. 변한 게 있다면, 과거에는 극단적인 'E'의 성향이었다면 현재는 'I'에 근접한 'E'이며, 학생 땐 극단적인 'P'의 성향이었다면 사회생활을 하면서 'J'로 치우친 'P'가 되었다는 점입니다. 사회생활을 하면서 성향의 정도 차이는 조금 생겼지만, 큰 축에는 여전히 변함이 없습니다.

'사람은 변하지 않는다.'라는 말은 바꿔 말하면 '사람은 타고난 고유성이 존재한다.'라는 의미이기도 합니다. 그런데 서로 각기 다른 고유성을 가진 사람들이 모여 사회생활을 하다 보면 나와 안 맞는 사람을 수두룩하게 만나게 됩니다. 저는 100명의 사람을 만나면 그중 정말 편안하고 잘 맞는다고 느껴지는 사람은 열 명도 채 안 됩니다. 그렇다고 나머지 90%의 사람들과 척지고 사는 건 아니고, 나름의 사회성을 발휘하여 적당히 잘 지내는 정도는 유지하고 있습니다.

아무리 안 맞는 사람이라도 일 년에 한두 번 만나는 정도면 맞춰 주기가 용이한데, 매일 부딪혀야 하는 사람과 안 맞으면 하루가 멀다 하고 울화가 치밉니다. 이럴 땐 '자기충족적 예언'이 도움이 됩니다. '자기충족적 예언'이란 자신의 예언이 이루어질 것이라는 믿음과 기대가 성취를 끌어내는 것을 의미합니다. 이와 관련된 한 실험이 있습니다. 학생들을 두 그룹으로 나눈 뒤, 한 그룹에는 너희가 최고라고 이야기해 주고, 나머지 한 그룹에는 아무 말도 해 주지 않았습니다. 그러자 긍정적인 예언을 들은 그룹 학생들의 지능지수는 크게 향상되었지만, 아무 말도 듣지 못한 학생들은 어떠한 변화도 없었습니다.

제가 명리학을 공부한 이유도 이 때문입니다. 사람들은 저마다의 강점을 가지고 태어나지만, 자신이 얼마나 대단한 무기를 지녔는지 모르고 살아가는 경우가 많습니다. 그래서 저는 명리학을 근거로 개개인이 가진 장점을 이야기해 줍니다.

"너는 남을 잘 가르치는 능력을 타고났구나."

상대방이 평소에 아무리 무뚝뚝한 사람이라도 이런 말을 듣고 나면 저의 사소한 질문에도 열의를 다해 설명해 줍니다. 이는 타인의 기대나 관심을 받으면 좋은 방향으로 변화하는 피그말리온 효과(Pygmalion effect)와도 일맥상통합니다.

제가 아는 사람 중 자기충족적 예언을 가장 잘하는 사람은 저희 어머니이십니다. 어머니는 제가 어릴 때부터 늘 "너는 어쩜 이렇게 말을 잘하니? 선생님을 해도 되겠다." 하시며 저를 향한 긍정적인 기대와 관심을 무한대로 쏟아내셨습니다. 오랜 세월 이어진 어머니의 긍정적인 예언 덕분에 저는 스피치에 대한 자신감이 쌓였고, 많은 사람 앞에서 강의하면서도 크게 긴장하거나 위축되지 않았습니다. 이제 와서 하는 말이지만, 제가 어릴 때 말을 잘 해봤자 얼마나 잘했겠습니까. 그냥 학교에서 있었던 일을 집에 와서 쫑알쫑알 떠드는 게 전부였지요. 아마 어머니는 피그말리온 효과를 진작부터 이해하고 있으셨던 것 같습니다.

저 또한 사회생활을 하면서 이 방법을 요긴하게 활용하고 있습니다. 제가 상대방을 칭찬하는 경우는 두 가지입니다. 첫 번째는 진심에서 우러나오는 칭찬이고, 두 번째는 상대방이 불편하거나 안 맞을 때 상대의 태도를 변화시키기 위한 칭찬입니다. 가령 거래처 담당자가 실수가 잦으면 속으로는 '업무에 왜 이렇게 누락이 많아!'라고 생각하면서도 인사할 때는 "늘 꼼꼼하게 챙겨주셔서

고맙습니다."라고 이야기합니다. 이러한 긍정적인 기대가 반복되면 상대방도 전보다 더 신경 써주게 되어있습니다.

사람의 본질은 잘 변하지 않지만, 사람이 취하는 태도는 변화시킬 수 있습니다.

세상에는 나와 잘 맞는 사람보다 안 맞는 사람이 압도적으로 많습니다. 그렇다고 사회생활을 하면서 안 맞는 사람을 완전히 피해 갈 수도 없는 노릇이니 자기충족적 예언을 효과적으로 활용하여 타인의 변화를 끌어낼 수 있길 희망합니다.

모든 관계는 나에게 달려있습니다.

13

외로움은 치유의 대상이다

소셜 미디어, 유튜브, 넷플릭스 등의 디지털 미디어 중독은 외로움과 깊은 관계가 있습니다. 현대인들의 '차라리 외로울지언정 피곤한 관계는 피하겠다.'라는 마인드는 자발적 아웃사이더를 낳았고, 이로 인해 인간관계의 부재에서 오는 고독감을 달래고자 디지털 미디어 의존율이 높아졌습니다. 사람은 자신이 원하던 원치 않던 사람을 만나지 않으면 외로워지고, 외로우니 디지털 미디어에 쉽게 중독되고, 디지털 미디어에서 헤어 나오지 못하니 인간관계에 쏟을 시간이 더 줄어들어 외로움이 더욱 깊어지는 악순환의 연속입니다.

그렇다면 얼마나 많은 현대인이 외로움을 겪고 있는 것일까요?

2020년 서울연구원에서 서울시민 1,000명을 대상으로 외로움에 대한 설문 조사를 진행한 결과, 서울 시민 중 54.3%가 가족과의 관계에서 외로움을 경험하고 있다고 답하였고, 서울 시민 51%는 타인과의 관계에서 외로움을 느낀다고 하였습니다. 현대인 두 명 중 한 명이 외로움을 겪고 있다는 통계도 놀랍지만, 타인과의 관계보다 가족과의 관계에서 외로움을 느끼는 사람이 더 많다는 사실이 더 큰 충격으로 다가왔습니다. 세상에서 가장 가까운 가족에게조차 거리감을 느낀다면 현대인들의 마음은 대체 어디에 기대야 하는 걸까요?

저는 상대방이 외롭다고 말하지 않아도 외로운 상태임을 알아챌 때가 있습니다. 겉으론 아무렇지 않은 척해도 이들과 대화를 나누다 보면 저에게 지나치게 의존하는 것이 느껴집니다. 누군가가 저를 신뢰하고 의지하는 건 감사한 일이지만, 문제는 '지나침'에 있습니다. 이들은 마음의 중심을 잡지 못하기 때문에 타인의 말 한마디 한마디에 자신의 근간이 흔들릴 만큼의 영향을 받습니다. 상대방에게 몇 번이고 제 의견은 참고만 하라고 이야기해도 절대적으로 맹신하며 집착에 가깝게 의지합니다. 그래서 한편으론 '이래서 사람들이 가스라이팅을 당하는구나…' 하는 생각이 들기도 합니다. 왜냐하면 극심한 외로움으로 인한 불안한 정서는 자신의 심리적 약점을 타인에게 노출하게 만들고, 상대방에게 과의존하게 되어 주체적인 사고가 어렵기 때문입니다. 이처럼 외로움의 정도가 심각하지 않더라도 주위를 둘러보면 외로움을 겪고 있는 사람들을 흔히 볼 수 있습니다. 대표적인 예로 만나면 끊임없이 자기 말만 하는 사람이 있습니다. 사람이 말이 많은 이유는 성향, 기분, 감정, 정서 등 다양한 원인이 있지만, 외로움 또한 한 축을 담당합니다. 평소에 사람들과 대화를 나눌 기회가 없다가 오랜만에 지인들을 만나면 마치 오랜 기간 굶주리다가 허겁지겁 음식을 먹는 사람처럼 자기 말만 쏟아내기 바쁩니다. 혼자 사는 노인들이 명절 때 자녀가 오면 쉼 없이 이야기하는 것도 평소에 외롭게 지냈다는 방증입니다.

사람은 타인의 관심과 인정을 갈구하는 사회적 동물이기 때문에 말을 많이 한다는 건 타인에게 관심받고 싶은 마음을 드러내는 것이고, 자기 자랑을 많이 하는 건 인정받고 싶은 욕구를 드러내는 것입니다.

외로움으로 인해 마음이 불안정해지면 이를 악용하려는 사람이 있기 마련입니다. 노인들의 외로운 마음을 이용하여 의료기기나 건강식품 등을 허위 광고로 비싸게 판매하는 사람들이 있습니다. 이들은 동네 마을 회관에 종종 찾아가 노인들에게 '아빠! 엄마!' 하며 살갑게 접근하여 노인들과의 관계가 돈독해지면 그때부터 본격적으로 제품을 판매하며 폭리를 취합니다. 명절이 아니고서야 자식들을 만날 기회가 없는 외로운 노인들은 사기꾼에게 정이 들어 사기를 당하고도 신고하지 않거나 "무관심한 아들놈보다 살가운 사기꾼이 낫다."라며 도리어 사기꾼 편을 드는 경우도 있습니다.

사람들은 누군가에게 크게 당하고 나면 '믿을 놈 하나 없다.'라는 말을 하는데, 어쩌면 외로움으로 병든 마음이 '믿지 못할 만한 사람을 끌어당기는 것'일 수도 있습니다.

외로움으로 인해 마음의 면역력이 떨어져 있는 사람들은 직장에서 상사한테 한 소리 들으면 마치 하늘이 무너진 것처럼 고통스러워하고, 친구들이 농담 삼아 던진 한마디에 깊게 상처받는 등 마음이 마치 바람에 흔들리는 갈대처럼 늘 이리 흔들리고 저리 흔들립니다.

우리 주위에는 말 못 할 외로움을 겪고 있는 사람이 많습니다. 그런데 더 큰 문제는 자신이 얼마나 외로운지 인지하지 못하는 것입니다. 분명 직장생활도 무탈하게 하고 있고, 주위 사람들과 대화를 나누지 않는 것도 아니고, 간간이 지인들도 만나고 있기 때문에 마음의 구멍을 쉽게 간과합니다. 하지만 고민을 허심탄회하게 털어놓을 사람이 없고, 종일 멍하게 핸드폰만 들여다보고, 밤마다 적막을 견디지 못해 TV나 음악을 켜놓은 상태에서 잠들고, 혼자 있을 때 종종 불안한 감정을 느끼는 등의 다양한 신호를 외로운 상태라고 인식하지 못하는 사람이 많습니다. 자신의 외로움을 인정해야 벗어날 방법도 찾을 수 있습니다.

많은 사람이 인간관계에서 대화 스킬이나 매너와 같은 외적인 요소를 중시합니다. 하지만 외로움이나 우울과 같은 내면이 우선적으로 다스려져야 건강한 인간관계를 이어갈 수 있습니다.

외로움은 방치의 대상이 아니라 '치유의 대상'이라는 것을 기억하시기 바랍니다.

이해되지 않는 사람

한 중년의 지인이 말했습니다.

"우리가 젤 불쌍해. 미성년자는 미성년자라고 보호받고 노인은 노인이라고 보호받는데, 중년은 대체 누가 보호해 주냐."

그러자 옆에 있던 다른 지인이 받아쳤습니다.

"맞아! 세금은 우리가 제일 많이 내는데, 사업하다 삐끗하면 그대로 나락이란 말이지."

"직장에서는 또 어떻고…. 무슨 말만 하면 꼰대 취급하지, 말이 좋아 관리자지 후배 동료들 눈치 보고 윗사람들 비위를 맞추느라 하루가 어떻게 지나가는지도 모르겠어."

"그러니까… 돈 들어갈 데는 또 어찌나 많은지. 에휴…"

지인들과 이런 대화를 나누다 보면 중년기의 삶이 매우 고단하게 느껴집니다. 그렇다면 중년기가 가장 힘든 삶을 사는 세대일까요?

사회 초년생들은 한탄합니다. 박봉에, 매일 눈칫밥에, 제대로 알려주지도 않으면서 조금만 실수해도 말귀를 못 알아듣는다는 둥 온갖 불편한 소리를 다 견뎌내며 힘들게 살고 있다고.

학생들은 소리 높여 말합니다. 하루 종일 학교에 묶여 수업을 듣고, 학원에, 독서실까지 주말도 없이 뺑뺑이 돌며 부모님의 폭풍 잔소리를 견뎌내는 자신들이 제일 불쌍하다고.

노인들은 하소연합니다. 아침에 눈을 뜨면 안 아픈 데가 없지만, 자식들에게 걱정을 끼칠까 봐 아프다는 내색도 못 하고, 치매라도 걸릴까 봐 늘 전전긍긍하고, 나이가 들수록 더 외롭다고.

인간은 망각의 동물이라 과거의 시간은 빠르게 지나간 것처럼 느껴지고, 아직 경험하지 못한 미래는 멀게만 느껴지기 때문에 지금 이 순간이 가장 강렬하게 와닿습니다. 사람은 본능적으로 자신이 처한 상황을 먼저 생각하기 때문에 역지사지는 이성을 한껏 되찾아 온 뒤에나 가능합니다. 그런데 간혹 역지사지해도 도통 상대방이 이해되지 않을 때가 있습니다. 기성세대가 청년들을 이해하지 못하고, 청년층이 기성세대를 이해하지 못하는 것도 생각의 갭이 너무 크기 때문인데요. 그렇다면 서로의 생각을 이해할 수 있는 관계만이 마찰 없이 잘 지낼 수 있는 걸까요? 사실 역지사지로 이해되는 사람이 몇 명이나 되겠습니까. 심지어 내 가족도 이해할 수 없는 행동을 할 때가 있는데, 세상에 이해되는 사람보다 이해할 수 없는 사람이 훨씬 더 많은 건 당연한 겁니다.

관계의 핵심은 '이해'가 아니라 '인정'입니다. 다수의 사람이 상대방이 못마땅할 때 반사적으로 "어떻게 그럴 수 있어?"와 같은 질책의 언어를 앞세웁니다. 이는 인정보다 이해가 먼저 움직인 것으로, 상대방을 이해하려 했으나 이해가 되지 않으니 불편한 감정을 표출하는 것입니다. 꼭 상대방의 행동이 납득되어야만 받아들일 수 있는 건 아닙니다. 인간관계를 마치 직장에서 결재받듯 납득이 될 만한 근거가 있어야만 받아들이겠다는 식으로 생각하는 사람이 있습니다. 이런 사람들은 상대방에게 "아무리 생각해도 너를 이해할 수 없어."와 같은 말을 종종 내뱉습니다. 그러면 이 말을 들은 상대방도 같은 생각을 하게 됩니다. "이 생각을 이해 못하는 네가 더 이해가 안 되거든?" 이처럼 이해를 앞세운 관계는 조금만 생각이 부딪쳐도 관계가 위태로워지기 쉽습니다. 아무리 상대방이 이해되지 않고 속이 터져도 일단은 인정해야 합니다. 정 못하겠으면 받아들이는 척 시늉이라도 하세요. 그러면 상대방의 태도도 조금은 누그러질 겁니다.

모든 대화는 "어째서?"가 아니라 "그렇구나!"가 먼저입니다.

관계의 고통은 상대방을 인정하지 않음에서부터 시작됩니다.

15

인사가 만사다

　저는 언젠가부터 사람들에게 큰 기대를 하지 않아 누군가에게 실망하는 일도 거의 없는 편인데, 그럼에도 불구하고 실망스러운 순간이 있습니다. 바로 '인사성' 때문입니다.

　퀭한 동태눈을 하고 어깨가 땅에 닿을 정도로 축 처져 출근하여 떨떠름한 표정을 지으며 기어들어 가는 목소리로 인사를 하는 둥 마는 둥 하는 모습을 보면 아침부터 기분이 우중충해집니다. 인사는 그저 사람을 마주하거나 헤어질 때 형식적으로 하는 것이 아닙니다. 밝은 표정의 활력 가득한 인사는 하루를 기분 좋게 시작할 수 있게 해 줍니다. 게다가 바쁜 일상에서 인간관계에 쏟을 수 있는 시간과 에너지가 절대적으로 부족한 현대인들에게 있어 인사는 상대방에 대한 관심이기도 합니다. 저는 평소에 바쁘다는 핑계로 연락도 자주 못 하고 오랫동안 만나지 못한 지인들에게 연말연시만큼은 잊지 않고 연락하려고 합니다. 연말연시에 정성스럽게 인사를 건네면 평소에 자주 연락하지 못한 것에 대한 이해를 받는데, 그때조차 인사를 건너뛰면 관계의 유대감이 떨어집니다. 그렇게 몇 해가 지나면 나중엔 연락하는 게 민망할 정도로 서먹해지고, 그러다 관계가 자연스럽게 끊어집니다.

인간관계에서는 인사만 잘해도 반은 먹고 들어가는데, 사소한 인사를 놓쳐 오해와 갈등이 생기기도 합니다. 고마운 일에 '고맙다'고 인사하고, 미안한 일에 '미안하다'고 표현하는 게 그렇게 어려운 일도 아닌데, "내가 원래 표현을 잘 못해서", "타이밍을 놓쳐서"와 같은 변명으로 인사를 놓치는 경우가 많습니다. 이런 사소한 인사를 간과하다 보면 인간관계에 오해가 하나둘씩 쌓여 돌이킬 수 없는 관계가 되어버리기도 합니다.

많은 사람이 퇴사할 때 이런 말을 합니다.

"수고했다는 한마디면 됐는데… 마지막까지 인사 한마디 없네."

인생은 만남과 헤어짐의 연속인데, "그동안 고마웠어.", "수고했어."와 같은 따뜻한 인사 한마디를 나누지 못해 원수보다 못한 사이로 끝나는 경우가 있습니다. 인간관계는 마무리가 참 중요합니다. 상대방에 대한 기억은 마지막에 관계의 마침표를 어떻게 찍었느냐에 따라 달라집니다. 심리학자 대니얼 카네먼의 '인간은 가장 강렬한 자극과 마지막 경험이 기억 속에 남는다.'라는 주장처럼 평소에 사이가 안 좋았던 직장 상사라도 자신이 퇴사할 때 따뜻한 인사와 더불어 아낌없이 격려해 주면 상대방에 대한 가시 돋쳤던 마음이 누그러지기도 합니다. 반면에 아무리 함께한 추억이 많아도 관계의 끝이 안 좋으면 그간의 좋았던 기억조차 한순간에 날아가기도 합니다. 결국 상대방에 대한 기억은 관계의 마무리를 어떻게 짓느냐에 따라 좌우되고, 관계의 마무리는 인사를 어떻게 하느냐에 달려있습니다.

모든 관계는 인사로 시작하여 인사로 끝이 납니다. 따뜻한 인사 한마디가 상대방의 자존감을 높여 주고, 일상에 활력을 불어넣어 주며, 관계의 유대감을 강화시켜 줍니다.

인사는 인간관계의 원동력이자 상대방을 향한 배려입니다. 각박한 세상에서도 인사의 중요성이 간과되지 않길 희망합니다.

제 4 장

급변하는 세상에서

1

안전함을 느낄 수 없는 사회

세상은 비약적인 발전을 이루었지만, 현대인들은 병든 사회에서 살아가고 있습니다. 겉에서 보이는 풍요로운 삶의 이면에는 안전성이 뿌리 깊게 결여되어 있습니다. 산업화와 도시화는 사회 발전에 많은 기여를 하였지만, 핵가족화를 야기하여 가족 공동체를 무너뜨렸고, 가족 간에 상호 작용하는 시간이 줄어들면서 가족 구성원의 개인화가 심화됨에 따라 가정에서도 소외감을 느끼는 사람들이 생겼습니다. 사람은 태어나 가족의 보살핌 아래 성장하며 가정이라는 울타리가 정서적 쉼터이자 사회적 보호막 역할을 하는데, 현대 사회에서는 그 역할이 제대로 이루어지지 않아 가정에서조차 안전감을 느끼지 못하는 사람이 많습니다. 게다가 현대인들은 생활의 기본 요소인 의식주 중 주(住)에 해당하는 집에서조차 안전감을 느끼지 못한 채 살아가고 있습니다. 현대 사회에는 과거의 판자촌과 같은 열악한 주거지는 사라지고 말끔한 건물들이 빼곡히 들어서며 현대인들의 주거 환경은 크게 개선되었지만, 전세 사기 사건 등의 부동산 범죄는 끊임없이 일어나고 있고, 높은 집 값으로 인해 평생 은행 이자의 노예가 된 젊은 세대들은 매일 먹고 자는 집에서조차 안전감을 느끼지 못하고 있습니다.

이뿐만 아니라 자본주의 사회는 성과 만능주의를 낳아 현대인들은 그 어느 때보다 치열한 경쟁 속에 살고 있으며, 평생직장이라는 개념도 사라져 생계의 안정성 또한 담보할 수 없는 사회에서 살아가고 있습니다.

게다가 개인주의가 심화됨에 따라 삭막해진 인간관계는 서로를 믿고 의지하지 못하게 만들어 사람을 고립시키고, 현대 사회의 끊이지 않는 사건·사고와 디지털 범죄의 진화, 급변하는 사회, 불확실한 미래는 현대인들의 마음 깊은 곳에 불안감으로 자리 잡았습니다.

사람이 살아가며 마땅히 안전하다고 느껴야 할 가정에서, 주거지에서, 직장에서, 인간관계에서 안전감을 느낄 수 없다는 건 사회가 그만큼 병들어 있다는 의미이기도 합니다. 일상에서조차 안전함을 느끼지 못하는 현대인들은 고독과 불안이 점점 더 깊어지고 있으며, 안전성 결여는 출산율 감소에도 한몫하고 있습니다.

인간의 삶을 지탱하는 가장 기본적인 요소와 사회로부터 안전함을 느끼지 못하는데, 자녀를 낳고 키우는 데 두려움이 동반되는 건 당연한 일입니다.

현대 사회에서 추구하는 발전, 도약, 성취는 앞으로 나아가는 일에 온 에너지를 집중하게 만들어 나를 지탱하는 근원에는 관심을 기울이지 못하게 됩니다. 그런데 삶을 지탱하는 뿌리가 튼튼하지 못하면 겉에서 보이는 풍요는 그저 거품에 불과합니다. 생계 불안이 관계의 불화가 되고, 주거 불안이 가정의 해체로 이어지며, 가정이 무너지면 결국 사회도 붕괴됩니다.

세상이 변해도 사람이 사람답게 살아가기 위해서는 '안전'의 가치가 우선시되어야 함에는 변함이 없습니다. 모두가 잘 사는 부의 평등은 일어나기 어려워도 누구나 일상을 살아감에 있어 최소한의 안전함을 느낄 수 있는 사회가 되길 희망합니다.

2

숫자가 전부가 아니다

우리는 인생을 숫자로 평가하는 경향이 있습니다. 학창 시절에는 모범생의 기준이 성적에 달려 있었고, 영화에 대한 평가는 관객 수로, 저자의 평판은 책의 판매 부수로, 기업은 시장 점유율과 수익 성장률에 의해 평가됩니다. 이러한 성과주의 사회에서는 부작용 또한 쉽게 드러납니다. 조회수가 수익이 되는 유튜브의 경우 조회수를 높이기 위한 자극적인 섬네일이 판을 치고, 더 나아가 터무니없는 가짜 뉴스를 폭주하게 만듭니다. 지난번 유튜브에서 '백종원 사망'이라는 제목을 보고 큰 충격을 받았는데요. 사실 여부와 상관없이 오직 클릭률을 높이기 위해 멀쩡히 살아있는 사람을 죽은 사람으로 만드는 비양심적인 행위는 우리 사회가 어떻게 숫자의 노예로 전락되고 있는지 잘 보여 주고 있습니다. 성과주의는 눈앞의 숫자만을 쫓게 만들어 사명과 비전을 잊게 하고, 비도덕적이고 비양심적인 행동에도 결과만 좋으면 모든 게 용서되는 사회를 만듭니다. 하지만 성과 만능주의의 세상에서도 사람들은 여전히 대의명분의 가치를 추구합니다. 만약 아웃도어 패션 브랜드 파타고니아가 '지구를 되살리기 위해 사업을 한다'라는 사명으로 전 제품을 친환경 소재로 제작하는 대신 '매출 업계 1위'라는 목표만을 내세웠다면, 브랜드 가치를 이토록 높게 칭송받지는 못했을 겁니다. 한때 매출이 저조한 소상공인이 운영하는 식당을 대상으로 솔루션을 제공한 TV 프로그램 〈백종원의 골목식당〉 역시 '지역 경제 살리기', '소상공인 살리기'라는 대의명분 덕분에 대중으로부터 큰 사랑을 받은 것이지, 만약 백화점 내에 입점한 대형 브랜드 식당을 재단장하는 데 앞장섰다면 그렇게 큰 관심을 받지는 못했을 겁니다.

유튜브의 가치를 숫자로만 판단하는 사람들이 제게 종종 묻습니다.

"돈도 안 되는데 유튜브를 왜 해?"

요즘같이 인간관계의 진정성이 희미해진 시대에 구독자들과 진솔하게 소통하며 관계를 이어갈 수 있다는 건 제겐 숫자 이상의 가치를 의미합니다. 구독자의 응원이 삶의 활력소가 되기도 하고, 느리지만 단단하게 성장해 나가는 모습에 나름 성취감도 느낍니다.

　우리의 삶은 정량적 가치보다 중요한 의미를 가진 것들이 넘쳐납니다. 친구들과의 풋풋한 추억이 가득한 학창 시절만 떠올려도 성적표 이상의 가치가 있고, 동료들과 똘똘 뭉쳐 혼신을 다했던 프로젝트는 정성적 가치에 더 뭉클하며, 온 열정을 다해 세상에 내놓은 제조물은 판매가 이상의 가치가 있습니다. 물론 정성적 가치가 정량적 가치와 이어지면 베스트겠지만, 숫자가 절대적인 가치가 될 순 없습니다.

　정량적 가치가 결과를 수치화한 대중적인 가치라면, 정성적 가치는 개개인이 오롯이 받아들이는 주관적인 영역입니다. 그러니 개개인에게 얼마나 더 큰 울림을 주었느냐의 기준에선 정성적 가치는 정량적 가치에 밀리지 않습니다.

　우리 삶의 모든 가치가 숫자로만 평가되면 숫자의 이면에 존재하는 진귀한 가치를 잃어버릴 수 있습니다. 숫자의 가치는 상황에 따라 변할 수 있지만, 그 안에 담긴 의미는 오랜 세월이 흘러도 고스란히 남아 있습니다.

　숫자가 아닌 것들은 간과되기 쉬운 세상이지만, 어떠한 상황에서도 숫자 이상의 의미를 캐치할 수 있는 안목과 여유를 잃지 않길 바랍니다.

3

일어날 일은 일어난다

　세상에는 인력으로 막을 수 없는 일이 있습니다. 앞서 말씀드린 바와 같이 제1차 산업 혁명 당시 영국은 기존의 마차 산업을 존속시키고자 '붉은 깃발법'이라는 법률을 앞세워 자동차 이용에 여러 제약을 걸었음에도 결국 마부의 일자리가 사라졌듯, 인간이 아무리 안간힘을 써도 막을 수 없는 일이 있습니다. 때론 문제를 해결하려 할수록 상황이 더 꼬이기만 하고, 아무리 세밀하게 계획을 잡아도 일정에 차질이 생기며, 거듭 확인하며 주의를 기울였음에도 예기치 못한 사고가 발생하기도 합니다. 저 역시 저의 전작인 『사는 게 참 내 맘 같지 않네』의 출간 당시 코로나19 사태가 발생할 줄은 상상도 못 했으니까요. 예상치 못한 코로나바이러스의 출

몰로 강의는 줄줄이 취소되었고, 사회적 거리 두기로 인해 사람들을 만나는 것조차 제약이 따랐습니다. 그야말로 사는 게 참 내 맘 같지 않던 시기였습니다.

세상엔 인간의 의지만으로 닿을 수 없는 영역이 있습니다. 우리는 이 사실을 인정하면서도 자신의 힘으로 컨트롤할 수 없는 상황을 두려워합니다. 심지어 아직 일어나지도 않은 상황조차 지레 겁먹고 온갖 부정적인 상황과 연결시키곤 합니다.

"이번 신규 사업이 잘 안되면 어떡하지?"

"올해도 취업하지 못하면 어쩌죠?"

"이러다 결혼 못하면 어떡하지?"

지인들의 이런 하소연에 저의 대답은 늘 한결같습니다.

"일단 네가 할 일을 해."

답변이 너무 성의 없는 거 아니냐고요? 우리가 백날 가슴 졸이며 걱정한다고 해서 일어날 일이 안 일어나는 것도 아니고, 안 일어 날 일이 일어나는 것도 아닙니다.

예전에 한 지인이 "내년엔 사업이 안정적이었으면 좋겠어."라고 말한 적이 있는데, 저는 그 이야기를 듣고 "안정적인 건 사업이 아닙니다."라고 답했던 기억이 있습니다. 사업의 안정성을 높이기 위해 최대한의 노력을 기울일 순 있겠지만, 아무리 수백 번, 수천 번을 재고 따지며 신중에 신중을 기해도 한 치 앞을 모르는 게 사람 일입니다. 하물며 4박 5일간 잠깐 다녀오는 여행도 일정이 계획대로 딱딱 떨어지지 않는 마당에 일 년 내내 지속되는 일은 그야말로 변수 그 자체입니다.

대표적인 예로, 코로나19 사태로 인해 관광업계, 요식업계, 숙박업계가 큰 타격을 받은 것도 이들이 준비성이 부족하거나 운영을 잘 못해서가 아닌, 그야말로 마른하늘에 날벼락을 맞은 것입니다. 이들이 설령 코로나19 사태를 사전에 예상했다고 하더라도 그 엄청난 여파를 온전히 막아내지는 못했을 겁니다. 꼭 이렇게 엄청난 상황이 아니더라도 일상에서 자신의 통제력을 넘어선 일은 비일비재하게 일어납니다.

우리는 예상치 못한 통제 불가한 상황을 몹시 불편해합니다. 저 역시 프로젝트가 계획대로 진행되지 않거나 생각지 못한 변수가 발생할 때마다 피가 바짝바짝 마르는 듯한 느낌이 듭니다. 이처럼 삶의 변수를 마주할 때 반감이 앞서는 건 어쩔 수 없지만, 예상치 못한 상황에서 보다 성숙한 태도를 취할 순 있습니다.

사람의 성숙도는 자신이 컨트롤할 수 없는 상황에 대처하는 태도에서 드러납니다. 평소엔 매우 유능한 리더이지만 일이 자기 뜻대로 풀리지 않으면 주위 사람들에게 온갖 짜증을 내며 인성의 바닥을 드러내는 사람이 있는 반면, 평소에는 크게 존재감이 없다가 예상치 못한 위기가 닥치면 묵묵하게 상황을 수습하며 리더십을 발휘하는 사람이 있습니다.

다수의 사람이 예상치 못한 상황에서 이런 말을 합니다.

"왜 하필 이런 일이…"

그런데 이렇게 상황을 거부하면 좌절의 늪에 더 깊게 빠지게 됩니다. 저 역시 과거에는 변수가 생길 때마다 상황을 탓하며 부정적인 생각으로 머릿속을 가득 메웠습니다. 물론 지금도 예상치 못한 상황을 마주하는 건 여간 당황스럽고 불편한 일이 아니지만, 별것 아닌 듯한 한마디가 상황을 묵묵하게 받아들이게 하고, 이겨낼 수 있게 도와줍니다.

'일어날 일이 일어났구나…'

예기치 못한 상황이 가져오는 괴로움은 상황을 받아들이지 못함에서부터 시작되는데, 이 말을 몇 차례 되뇌고 나면 상황을 받아들이게 되어 부정적인 감정이 조금 누그러집니다. 그러면 자연스럽게 스스로 컨트롤할 수 있는 영역과 그렇지 않은 영역이 구분되어 제가 수습할 수 있는 부분은 침착하게 수습하되 어쩔 수 없는 영역은 과감하게 내려놓습니다.

저는 인간사를 인간의 영역과 신의 영역으로 구분합니다. 아직 일어나지 않은 일에 대해 두려움을 느끼는 건 인간이 신의 영역에 관여할 때 생기는 것이고, 이미 발생한 일에 대해 괴로움을 느끼는 건 인간의 영역을 받아들이지 못해 발생하는 것입니다.

'진인사대천명(盡人事待天命)'이라는 고사성어가 있습니다. 이는 '인간으로서 해야 할 일을 다 하고 나서 하늘의 명을 기다린다.'라는 의미이지만, 저는 불확실성으로 가득한 세상에 맞춰 순서를 바꾸어 '대천명진인사(待天命盡人事)' 하라고 외칩니다.

"일어날 일은 일어나게 두세요. 그리고 오늘 할 일을 하세요."

4

사춘기는 계속 된다

　학창 시절 자신의 인생에 의문을 품기 시작하며 갈등하고 방황하는 시기를 우리는 '사춘기'라고 부릅니다. 그런데 성인이 되어서도 한 번씩 삶의 관성이 송두리째 흔들릴 때가 있습니다. 돌이켜보면 저는 성인이 되어 사춘기를 더 크게 앓았던 것 같습니다. 더 정확하게 이야기하면 성인이 된 이후 사춘기는 주기적으로 찾아왔습니다. 대학생 때는 졸업을 앞두고 취업 고민을 하였고, 일을 시작하면서부터는 '이 길이 맞나?'하는 생각을 끊임없이 이어오며 방황하고 또 방황하였습니다.

　그렇다면 사춘기는 왜 성인이 되어서도 계속 따라다니는 것일까요? 나이가 들수록 경험이 쌓이며 사회적 위치에도 변화가 생기고, 그에 따라 자연스럽게 자신의 가치관도 업데이트됩니다. 그렇게 자신도 모르는 사이에 이전의 가치관과 조금씩 균열이 생기다가 극에 달하면 오랜 시간 이어온 관성에 회의를 느끼며 내적 갈등이 폭주하는 것입니다.

'이제 직장생활은 그만하고 내 사업하고 싶은데.'

'이 일을 계속하는 게 맞을까?'

'이렇게 사는 게 맞는 걸까?'

'이 사람과 계속 만나야 하나?'

이처럼 성인이 되어 겪는 사춘기는 주로 그동안 이어온 삶의 맥락이 요동칠 때 일어납니다. 사춘기는 얼핏 보면 내적 갈등을 일으켜 괴로움을 안겨준 듯 보이지만, 이는 더 나은 삶을 살기 위한 욕구가 발동한 것이므로 매우 긍정적인 신호로 볼 수 있습니다. 인생을 더 잘 살아내고 싶어서, 더 행복해지고자 하는 마음에서 시작된 갈등이지, 자신을 더 망가뜨리고 힘들게 살고 싶어서 사춘기가 오는 사람은 없습니다.

한 번씩 자신이 속해 있는 세상을 뛰쳐나가고 싶고, 밤잠을 설치며 크게 고민하고, 갈등하고, 방황하는 건 내 안에 자아실현의 욕구가 죽지 않았다는 증거입니다. 자아실현의 욕구는 매슬로의 욕구 5단계 이론 중 최상위 욕구 단계로, 자신을 더 나은 단계로 성장시키고자 하는 생산적인 욕구입니다. 그러니 나이가 들어서 사춘기가 왔다는 건 부끄러워할 일이 아니라 자랑스러워할 일입니다. 그리고 사춘기가 왔을 때 혼자 끙끙 앓지 말고 최대한 많은 사람을 만나 고민을 나누는 것이 도움이 됩니다. 다양한 생각이 모이면 생각지 못했던 뜻밖의 길이 보이기도 합니다. 저 역시 너무 힘들었던 시기에 여러 사람을 만나 이야기를 나누다 한 지인의 강력한 권유로 인해 유튜브를 시작하게 되었고, 그로부터 얼마 지나지 않아 집필을 시작하며 전혀 생각지 못했던 방향으로 인생이 펼쳐졌습니다. 만약 제게 지난 방황의 시간이 없었다면 지금 이렇게 독자 여러분을 만나지 못했을 겁니다.

인생은 방황의 연속입니다. 앞으로도 우리는 숱하게 흔들리고, 길을 잃을 것입니다. 하지만 이 과정은 삶의 이정표를 점검하고, 더 나은 길로 자신을 인도하기 위한 귀한 시간입니다. 이러한 사춘기의 본질을 이해하여 혼란의 시기를 더욱 지혜롭게 끌어나가길 바랍니다.

5

두려울수록 본질에 집중하라

사람은 상황이 막막할 때 외부 정보에 더 쉽게 현혹됩니다. 가령 경제적 압박이 극심할 때 주위에서 이런 이야기가 들리면 귀가 솔깃해집니다.

"요즘 이 사업이 그렇게 잘 된다는데?"

"내 친구가 여기 투자했다가 대박 났데."

"앞으론 이 업종이 대세가 될 것 같아."

물론 사람이라면 누구나 이런 말에 솔깃할 수 있습니다. 저조차 이런 이야기를 들으면 "오~~ 대박!"을 외치니까요. 하지만 같은 이야기를 듣고도 누군가는 전 재산을 탕진하고, 또 누군가는 묵묵하게 자신의 길을 걸어갑니다. 이 두 부류의 차이는 '자기중심'에 달려 있습니다. 보통 자기중심을 잘 잡지 못하는 사람들은 외부 자극에 더 강렬하게 반응합니다.

자기중심을 잘 잡지 못한다는 건 마음의 평정심이 무너져 불안하고 조급한 상태이며, 모든 욕구가 탐욕으로 치우쳐 있는 것을 의미합니다. 반면 자기중심을 잘 잡고 있는 사람은 외부 정보의 본질을 걸러낼 수 있는 탄탄한 거름망을 장착하고 있어 상황을 냉철하게 판단합니다.

요즘같이 현혹되기 쉬운 정보가 넘쳐나는 세상일수록 본질에 더 집중해야 합니다. 본질은 크게 내적 본질과 외적 본질로 나뉩니다.

내적 본질은 자신의 타고난 기질, 욕구, 경험, 가치관 등 자기의 삶을 기반하는 모든 역량을 의미하며, 외적 본질은 세상의 흐름, 현상의 뿌리, 객관적 근거 등 현상을 기반하는 표면적 이치를 의미합니다. 우리 사회에는 외적 본질에 관심을 두는 전문가는 많지만, 자신의 내적 본질을 깊게 들여다보는 사람은 많지 않습니다. 우리는 평소에 자신에게 어떤 욕구가 결핍된 상태인지, 타고난 기질은 무엇인지, 어떠한 가치관을 축적해 왔는지 등에 대해 깊게 들여다보지 못한 채 자본주의의 노예로 살아가고 있습니다.

그렇다면 외부 정보에 현혹되지 않기 위해 내적 본질이 왜 중요할까요? 이해를 돕기 위해 내적 본질을 옷에 비유해 보겠습니다. 자신이 무슨 옷을 입고 있는지도 모르는데, 어떻게 자기가 입고 있는 옷과 잘 어울리는 가방과 신발을 선택할 수 있을까요? 그렇다 보니 그럴듯해 보이는 브랜드나 트렌드에 현혹되는 것이지요.

간혹 10~20년 정도 직장생활을 해 온 지인들이 저를 찾아와 창업하고 싶다고 이야기합니다. 보통 지인으로부터 이런 이야기를 들으면 사람들은 "무슨 사업을 하고 싶은데?"라고 먼저 물어보겠지만, 저는 "왜 하고 싶은데?"라고 먼저 물어봅니다. 이는 상대방의 본질과 방향성의 매칭 여부를 판단하고자 묻는 것입니다. 가령 현실적인 감각이 부족하고, 귀가 지나치게 얇으며, 안정적인 삶을 중시하는 사람이 창업의 목적을 '직장생활에 염증을 느껴서', '돈을 많이 벌고 싶어서', '이 아이템이 잘될 것 같아서'라는 뜬구름 같은 이야기를 한다면 저는 상대방을 만류하게 됩니다.

우리가 혹할 만한 외부 자극에는 즉시 반응하기 쉽지만, 본질을 들여다보는 건 시간을 두고 깊게 살펴보아야 하기 때문에 어렵게 느껴질 수 있습니다. 하지만 번거롭다고 해서 본질을 놓친 채 현상만을 쫓는다면 구멍 난 독에 물 붓기이자, 밑도 끝도 없이 뜬구름을 쫓는 격입니다.

급할수록 돌아가라는 말이 있습니다. 외부 정보에 흔들리고, 모든 것이 불안한 시기일수록 본질을 깊숙이 들여다봐야 합니다. 마음이 급하면 자신을 돌아보지 못해 '내적 본질'을 파악하기 어렵고, 마음이 불안하면 현상의 뿌리를 파악하는 '외적 본질을' 놓치기 쉽습니다.

사회가 급변하고 혼란스러울수록 자기중심을 잡고 본질에 집중
해야 세상에 휩쓸리지 않고 살아갈 수 있습니다.

인생의 중요한 단서는 본질에 담겨 있습니다.

6

관성은 쉽게 깨지지 않는다

1988년 6월 〈뉴욕타임스〉 1면에 "전문가가 상원에 말하다. 지구 온난화는 이미 시작됐다.(Global Warming Has Begun, Expert Tells Senate)"라는 기사가 실린 적이 있습니다. 이에 미국의 연방 의회가 지구 온난화를 의제화하여 지구 온난화의 피해를 줄이기 위한 노력이 시급하다는 의견을 모았는데요. 그럼에도 불구하고 전 세계는 지난 30여 년간 끊임없이 탄소를 배출해 왔습니다. 그 결과 2023년 7월 6일, 지구는 위성 관측 기록이 시작된 이래 44년 만에 가장 뜨거운 날을 맞이하였습니다.

기후 변화는 매년 살인적인 더위와 더불어 자연 생태계를 파괴하며 가장 시급한 글로벌 이슈로 떠올랐습니다. 이에 따라 국제 사회는 파리협정을 채택하여 국가가 자발적으로 탄소 배출량 감축 목표를 5년 단위로 제출하게 하였고, 2016년 파리협정이 발효되자 세계 각국에서는 2050년까지 온실가스 배출량을 제로(0)로 만들겠다는 '2050 탄소중립'을 앞다투어 선언합니다. 그런데 이렇게 정부와 기업들이 대대적으로 노력한다고 해서 머지않아 환경 문제가 모두 해결될까요? 아마 즉각적인 변화를 만들어 내긴 어려울 겁니다. 왜냐하면 기후 변화 문제는 비단 어제오늘 일이 아닌, 수십 년간 쌓여온 고질적인 문제이기 때문입니다.

이를 부채에 비유하면, 우리가 지구에 진 빚이 1억 원이었을 땐 열심히 노력해서 단기간 내에 갚을 수 있었을 겁니다. 그런데 빚이 1,000억 원이 되고, 수십조 원에 달하면 단기간에 갚는 건 불가능하겠죠? 이 말은 바꿔 말하면 수십 년의 과거가 누적되어 오늘을 만들어 냈듯, 올바른 오늘이 오랜 시간 누적되어야 새로운 미래에 닿을 수 있는 겁니다.

이러한 누적 효과는 우리의 인생에도 고스란히 적용됩니다. 많은 사람이 매년 새해가 밝으면 '새 출발', '새로운 도전'을 목표합니다. 하지만 작심삼일로 목표했던 바가 흐지부지되거나 계획했던 것만큼 큰 변화를 일으키지 못하는 경우가 많은데, 그 이유는 오랫동안 이어온 관성을 하루아침에 깰 수 없기 때문입니다.

분명 내 머리는 새 결심을 실행하라고 하지만, 우리 몸은 여전히 어제와 같이 움직입니다. 특히 아주 오랫동안 이어온 행동일수록 관성이 더욱 강하게 발동하기 때문에 의지가 관성을 뛰어넘지 못하고 주저앉기 쉽습니다.

그런데 목표를 달성하지 못한 사람 중 자신의 의지가 관성보다 약하다는 것을 인정하지 않는 사람이 있습니다. 왜냐하면 이들의 초점은 자신이 노력을 기울인 시간에 맞춰져 있기 때문입니다. 가령 이들은 다이어트를 결심한 뒤, 수개월간 애써온 시간을 절대적 가치로 생각하지만, 사실 이들이 뛰어넘어야 하는 건 10~20년에 걸쳐 살을 찌어온 긴 세월입니다.

이 밖에도 새로운 프로젝트나 자격증 공부, 새로운 운동 등 더 높은 목표에 도전했다가 일 년을 고전한 끝에 포기하는 사람들의 이야기를 들어보면, 그들의 입장에선 '일 년이나 투자했는데!'라고 생각하지만, 이 말은 바꿔 말하면 수십 년간 이어온 관성으로부터 고작 일 년만 멀어진 것입니다. 뭐든 첫술에 배부르지 않다는 걸 잘 알면서도 자기 일 앞에선 왜 이렇게 마인드 컨트롤이 어려운지 모르겠습니다. 중요한 건 드라마틱하진 않지만 조금씩 변화가 일어나고 있다는 것입니다. 지금 당장은 기울이는 노력에 비해 성과가 너무 미비하고, 이렇게 해서 '어느 세월에 상황이 좋아질까?' 하는 생각이 들겠지만, 이 또한 조금씩 관성을 깨나가고 있는 과정이라는 것을 기억하길 바랍니다.

당장의 결과에 너무 연연해하지 말고 묵묵하게 앞으로 나아가길 응원합니다.

7

확률은 배신하지 않는다

한 친구가 제게 "좋은 책을 만나기가 참 어렵다."라는 말을 한 적이 있습니다. 좋은 책에 대한 기준은 사람마다 다를 수 있지만, 보통 자신에게 커다란 영감이나 깨달음을 준 책을 좋은 책이라고 이야기합니다. 그런데 저는 매달 좋은 책을 만나고 있어서 그런지 좀처럼 그 친구의 이야기에 공감하기 어려웠는데, 긴 대화 끝에 친구와 저의 결정적인 차이를 알게 되었습니다. 우리는 연간 독서량이 서로 달랐는데, 친구는 연간 독서량이 5~6권 정도 되었고, 저는 매달 5~6권씩 읽어왔습니다. 결과적으로 저는 친구에 비해 연간 열 배 정도 더 많은 책을 접했기 때문에 좋은 책을 만날 확률이 더 높았던 것일 뿐, 다른 특별한 이유는 없었습니다.

이처럼 우리는 알게 모르게 확률에 지배받는 삶을 살고 있습니다. 비즈니스에서의 다양한 시도, 예술가의 다작, 크리에이터의 다양한 콘텐츠 등 끊임없는 시도는 성공 확률을 높입니다.

대중에게 알려진 피카소의 대표작은 몇 점뿐이지만, 피카소가 평생 남긴 작품은 무려 5만 점이 넘으며, 구독자 150만 명 이상을 보유한 유튜브 채널 〈대도서관〉의 영상 수는 1만 개에 달합니다. 모바일 게임 회사 '111퍼센트'는 출시한 게임 150개 중 성공한 것은 10개 미만이었지만, 끊임없이 실패를 반복한 끝에 성공작이 조금씩 쌓여 2016년 23억 원이었던 매출이 불과 4년 만에 약 1,500억 원에 달하는 쾌거를 이뤘습니다. 과녁 놀이를 할 때도 고작 서너 발로 승부를 보려고 하는 사람은 수백 발, 수천 발을 쏘아대는 사람을 이길 수가 없습니다. 그런데 많은 사람이 고작 대여섯 번의 시도로 자신을 승패의 기로에 세웁니다.

신규 사업이 빠른 기간 내에 궤도에 오르지 못하면 '이 길이 아닌가 봐!' 하며 한탄하고, 직장생활 중 조금만 불편한 상황이 닥쳐도 '이 회사가 나랑 안 맞나봐!' 하며 쉽게 단정 짓습니다. 이러한 잣대로 실패를 규정한다면 저는 진작에 유튜브를 접어야 했습니다. 사실 제 유튜브는 조회수가 10회도 안 나오던 유령 채널이었습니다. 하지만 삼 년에 걸쳐 꾸준히 영상을 올리다 보니, 지금은 백여 개의 영상이 쌓여 만 단위의 조회수를 기록한 영상도 생겼습니다. 물론 아직도 갈 길이 멀기 때문에 여전히 다양한 콘텐츠를 시도하며 승률을 높여 나가는 중입니다.

세상이 변해도 자신이 원하는 방향으로 삶을 이끄는 방법은 단순합니다.

"훌륭한 책을 만나고 싶거든 다(多)독하세요."
"좋은 사람을 만나고 싶거든 많은 사람을 만나 보세요."
"목표를 달성하고 싶다면 끊임없이 시도하세요."
"작품으로 성공하고 싶거든 다작하고 다양한 곳에 작품을 노출시키세요."

확률의 법칙에서 한 가지 기억해야 할 것은 확률을 산출할 수 있을 만큼의 최소한의 시도를 해야 한다는 것입니다. 겨우 네다섯 번 시도해 놓고 통계를 운운해서는 안 됩니다. 백 번은 시도해야 그중 1%의 작은 단서라도 찾을 수 있습니다. 많은 사람이 희망의 단서가 나올 만큼 깊이 있게 우물을 파지 않습니다. 만약 새로 뿌린 씨앗에서 어떠한 희망의 단서도 찾지 못했다면 가망이 없어서가 아니라 아직 일정 깊이의 우물을 파지 않았기 때문입니다.

그런데 확률적 사고를 방해하는 요소가 있습니다. 우리는 습관적으로 인과 관계에 함몰되는 경향이 있습니다. 그저 운이 한번 좋았을 뿐인데 자신의 방식이 옳다고 믿고 그 상태로 계속 밀어붙이다 낭패를 보기도 하고, 그저 일시적인 변수일 뿐인데 오랜 시간 인내를 가지고 일궈온 일을 단숨에 포기하기도 합니다. 사실 인과 관계에는 오류가 많습니다. 결과를 만들어 낸 원인이 한두 가지로 딱 떨어지지 않는 경우가 많은 데다, 뒤죽박죽 섞인 각각의 원인이 결과에 미친 비율을 정확하게 산출하기도 어렵습니다. 게다가 우리가 전혀 생각지도 못한 숨겨진 원인이 있을 수도 있기 때문에 인과 관계를 완벽하게 파악하는 것 자체가 어렵고, 때론 인과관계와 상관없이 운의 영향을 받을 때도 있습니다.

다행스럽게도 확률은 이 모든 경우의 수를 평균으로 회귀시켜 줍니다.

살다 보면 자신이 원하는 만큼 앞으로 나아가지 못할 때가 있습니다. 그럴 땐 시야를 길게 뻗어 확률적 사고를 통해 희망의 단서를 하나씩 찾아가길 바랍니다.

8

인정 강박에서 벗어나라

    과거에는 인분과 가축 분뇨가 훌륭한 비료로 쓰였지만, 1900년 초에 비해 인구수가 대폭 증가함에 따라 인분과 가축 분뇨의 공급량이 한계에 달하자, 인간은 화학 비료를 개발하였습니다. 인류는 화학 비료 덕분에 농업 생산성이 향상되어 식량난에서 벗어날 수 있었지만, 화학 비료를 지나치게 뿌리는 바람에 작물에 흡수되지 못한 여분의 비료는 비가 내리면 빗물에 쓸려 하천으로 흘러가 물을 오염시켰습니다. 식량난을 해결하기 위해 꼭 필요했던 화학 비료가 환경 오염의 주범이 된 것처럼, 인간에게 꼭 필요한 인정 욕구 또한 자칫 인정 강박으로 전락할 수 있습니다.

    사람은 누구나 자신의 가치를 알아봐 주길 바라고, 타인의 기대에 부응하여 인정받고 싶은 욕구가 있습니다. 아무리 바쁘고 힘들어도 "너는 정말 대단해! 이번 일도 훌륭하게 해냈어."와 같은 인정 욕구가 충전되는 말을 들으면 그간의 고충이 싹 날아가는 듯한 기분이 듭니다. 이처럼 사람은 자신의 가치를 인정받음으로써 성취감과 자존감이 높아지지만, 이 마음이 지나치면 도리어 자기 목을 조이게 됩니다.

"이번 달 매출도 기대할게."
"이번 프로젝트도 너만 믿어."
"네가 우리 집안의 구세주인 거 알지?"
"윗분들이 자네한테 기대가 커."

이러한 드높은 기대치에 부응하고자 하는 마음은 자칫 인정 강박으로 이어질 수 있습니다. 다수의 사람이 자신의 실수를 용납하지 못하는 이유가 '자기 기준이 높아서'라고 생각하는데, 어쩌면 주위 사람들의 기대치가 높거나 인정받고 싶은 욕구가 너무 강해서 자신의 실수를 용납하지 못하는 것일 수도 있습니다. 쉽게 말해 삶의 초점이 '이만큼 해내야지'가 아니라 '이만큼 해내는 걸 보여줘야지'에 맞춰져 있는 것입니다. 인생의 목표가 자기중심이 아닌 타인의 기대치에 맞춰져 있으면 타인의 평판에 의해 자존감의 높이가 좌우됩니다. '저 사람이 나의 가치를 이만큼이나 인정해

주네?'라는 생각이 들면 자존감이 올라가지만, '저 사람이 나한테 실망한 것 같아.'라는 생각이 들면 자존감이 한없이 쪼그라드는 것이지요.

인정 욕구가 높은 사람들은 타인의 기대치를 더 무겁게 받아들이는 경향이 있습니다. 우리가 누군가에게 '기대할게!'라고 말할 때를 떠올려 보면, 말은 그렇게 해도 실제로 상대방에게 엄청난 기대를 하는 경우는 드뭅니다. 저는 일할 때 의례적으로 "이번 프로젝트도 00님만 믿을게요."라는 말을 종종 내뱉습니다. 이는 상대방에게 저의 믿음과 기대치를 심어줌으로써 더욱 책임감 있게 일했으면 하는 바람인 거지, 상대방에게 슈퍼히어로의 역할을 기대하는 건 아닙니다. 기대를 거는 사람 입장에서는 인사치레인데, 기대를 받는 입장에선 커다란 압박을 느껴 인정 강박에 시달리는 경우가 있습니다. 게다가 그 어느 때보다 경쟁이 치열하고 각박한 세상에서 살아가다 보니, 인정 욕구를 채우기 더 어려워진 것 또한 인정 강박을 일으키는 데 한몫하고 있습니다.

다수의 현대인이 인정 욕구 결핍을 겪고 있습니다. 고기도 먹어 본 놈이 맛을 안다고, 자기가 인정받지 못하고 있으면 타인을 인정해 주는 것에도 박해질 수밖에 없습니다. 그러니 내가 인정받지 못하는 건 나의 무능력 때문이 아니라 주변인들 또한 누군가에게 인정받고 있지 못하기 때문이라는 생각을 할 필요가 있습니다.

타인을 너무 의식한 나머지 지나치게 자기 검열을 하고, 타인의 기대에 부응하기 위해 강박적으로 자신을 옭아매는 건 인생이라는 무대에 자신이 아닌 외부인을 주인공으로 세우는 것과 같습니다. 내 인생을 책임져 주지도 않을 사람들의 기대와 인정에 휘둘릴 필요가 없습니다. 꼭 누군가의 기대치를 채워주지 않아도 나는 '나' 자체만으로 중요한 사람입니다. 군이 타인에게 인정받지 않아도 매일 고군분투하는 자신의 노고를 스스로 인정할 수 있다면 그것이야말로 가장 값진 찬사가 아닐까요? 인정 욕구는 타인으로부터만 채워지는 것이 아닙니다. 자기 자신을 그 누구보다 자랑스럽게 생각하고, 자기 삶에 자긍심을 느낄 수 있다면 인정 욕구는 가득 채워질 것입니다.

타인의 기대와 평판에 매달려 자신의 인생에서 정말 중요한 가치를 놓치지 않길 바랍니다.

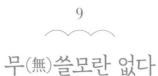

무(無)쓸모란 없다

무엇이든 빠르게 돌아가는 현대 사회에서는 쓸모의 여부 역시 속단해 버리는 경향이 있습니다. 주위만 둘러봐도 당장의 쓸모를 느끼지 못해 중단되는 일, 정리되는 인간관계, 버려지는 물건이 많습니다. 독서할 때도 앞부분만 조금 끄적이다 책의 유용성을 느끼지 못해 곧바로 덮어버리고, 인간관계에서도 한두 번의 만남으로 상대방과의 관계를 결정짓곤 합니다. 이처럼 전체가 아닌 일부만 보고 가치를 재빠르게 판단하면 정말 중요한 가치를 놓칠 수 있습니다. 저는 책을 비판하더라도 한 권을 끝까지 다 읽고 난 뒤에 비판하라고 권유하는데, 그 이유는 책 한 권을 온전히 경험했다는 건 적어도 책의 가치를 속단하는 오류는 범하지 않을 수 있기 때문입니다.

일과 사람 역시 당장의 쓸모에 의해 가치가 좌우되는 경우가 많습니다. 직장에서도 지금 당장 회사의 영업 이익을 높여줄 프로젝트에 집중하지, 장기적인 관점에서는 매우 중요하지만 당장의 이윤에 도움이 되지 않는 프로젝트는 경시되기 쉽습니다. 사람 역시 당장에 도움이 되지 않는 사람이라고 판단되면 관계에서 배제되기 쉽지만, 사실 쓸모의 가치는 언제든 바뀔 수 있습니다.

우리가 속단하는 쓸모의 가치가 얼마나 유동적인지 보여 주는 사례가 있습니다. 피카소는 집 주위를 산책하다가 버려진 자전거를 발견하였는데, 자전거 안장과 녹슨 핸들을 보는 순간 황소 머리를 떠올렸습니다. 그는 자전거를 집으로 가져와 안장과 핸들을 떼어내어 안장에다 핸들을 거꾸로 붙인 뒤, '황소의 머리'라는 작품명을 붙였습니다. 이 작품은 그로부터 약 50년 뒤 런던의 한 경매장에서 약 300억 원에 판매되었습니다. 이처럼 버려진 쓰레기조차 위대한 가치를 지닌 예술품이 될 수 있는 마당에, 세상에 쓸모없는 게 어디 있겠습니까. 그저 쓸모의 가치를 찾지 못했을 뿐이지요.

1980년대 손정의 회장이 인터넷 잡지사를 인수할 당시 "쓸모도 없는 잡지사를 왜 인수하냐?"라는 말이 많았습니다. 손 회장은 이에 "곧 인터넷 사업이 뜰 테고 인터넷 사업을 위한 지도가 필요했을 뿐."이라고 답하였습니다. 이처럼 무(無)쓸모로 여겨지는 것에서도 쓸모의 가치를 발견하는 사람이 있는 반면, 쓸모 있는 것조차 무(無)쓸모로 간주하는 사람이 있습니다. 간혹 '저 직원은 쓸모가 없어!'라고 판단하는 리더가 있는데, 사실 쓸모가 없는 게 아니라 상대방의 가치를 끌어내지 못한 것뿐입니다. 하찮은 돌멩이하나, 풀 한 포기도 다 존재의 이유와 가치가 있는 법인데, 사람이 쓸모가 없을 리가 있겠습니까. 하물며 인성이 바닥인 사람에게서조차 "저렇게는 살지 말아야지." 하며 반면교사로 삼을 수 있는데, 가치를 찾고자 하는 마음의 문제인 거지 세상에 쓸모없는 사람은 없습니다.

무엇이든 가볍게 접하고 수박 겉핥기식으로 얕게 이해하고, 달면 삼키고 쓰면 뱉듯 쉽게 판단하고, 궁극적인 가치보단 눈앞의이익을 더 중시하는 사회적 분위기에 휩쓸리다 보면 쓸모를 캐치하는 안목이 사라지게 됩니다. 무쓸모에서 쓸모를 발견하기 위해선 본질을 통찰할 수 있어야 합니다. 어릴 적에 읽었던 책을 성인이 되어 다시 읽었을 때 느껴지는 여운의 차이가 큰 건 통찰력의차이 때문입니다. 같은 내용의 책이라도 읽는 이의 통찰력에 따라받아들이는 가치는 천차만별입니다. 아무리 형편없는 결과물이라도 그 안에서 깨달음을 얻고 더 큰 가치로 승화시키는 사람이 있는 반면, 인사이트가 풍부한 결과물을 접하고도 그 깊이를 조금도흡수하지 못한 채 비판만 쏟아내는 사람이 있습니다. 만약 저보다더 통찰력이 깊은 분이 이 책을 읽는다면, 제가 전하고자 하는 메시지보다 더 깊은 여운을 느낄 수 있을 것입니다. 받아들이는 사람의 깊이에 따라 쓸모의 여부는 달라질 수 있습니다.

세상에 '무(無)쓸모'로 단정 지을 수 있는 건 없습니다. 어떤 상황에서도 쓸모를 찾을 수 있는 안목과 지혜를 지닐 수 있길 희망합니다.

10

풍파 속에서 살아내는 힘

원래 세상살이가 내 뜻대로 되지 않는다는 건 모두가 알고 있지만, 예상치 못한 풍파가 닥칠 때마다 마음을 다잡는 건 참 어려운 일입니다. 사람은 사면초가의 상황에 놓이면 안전 욕구가 침해되어 초조하고 불안해집니다. 이런 상황에서 감정적으로 불편한 건 어쩔 수 없지만, 자신감이 있느냐 없느냐의 여부는 상황을 극복해 나가는 데 매우 중요한 요소입니다. 사람은 자신이 통제력을 잃은 상황에서 자신감을 잃어버리기 쉽습니다. 그런데 간혹 고충을 겪고 있는 와중에도 자신감으로 에너지를 한껏 더 끌어올리는 사람이 있습니다.

저의 한 지인은 근래에 일이 안 풀려 힘겨운 나날을 보내고 있었지만, 그 누구보다 긍정적으로 살아가고 있습니다. 저는 그 모습을 보며 참 의아했습니다. '분명 사는 게 고통일 텐데, 어쩜 저렇게 밝은 에너지가 가득할 수 있을까?' 싶어서 지인에게 조심스럽게 이유를 물어봤습니다. 그러자 그는 자신감에 가득 찬 목소리를 가다듬으며 입을 열었습니다.

"지금 상황에서 제 의지대로 움직일 수 있는 건 이 몸뚱이밖에 없더라고요. 그래서 20년 만에 운동이란 걸 시작했어요. 처음엔 숨 가쁘게 운동하는 시간만큼은 다른 괴로운 생각을 안 할 수 있어서 좋았는데, 몇 개월이 지나고 나니 샤워 후 거울에 비친 제 몸을 넋 놓고 바라보게 되더군요. 제 몸매에 감탄해서요. 하하하. 그러다 보니 자연스럽게 자신감도 회복됐어요. 지금은 뭐든 다 이겨낼 수 있을 것 같다는 생각이 들어요."

사람은 자신감을 상실하면 자신의 의지대로 할 수 있는 일이 아무것도 없는 것처럼 느껴져 자포자기 상태에 빠져들기 쉬운데, 사실 할 수 있는 일이 없는 것이 아니라 '할 수 있다'라는 생각이 안드는 것뿐입니다. 모든 문제의 해결은 '할 수 없을 것 같은 일'을 '해낼 수 있을 것 같다'라는 생각의 전환에서부터 시작됩니다.

자신감이 충만하면 어려움 속에서도 자신을 살리는 모든 영양분을 쭉쭉 끌어당겨 앞으로 나아가게 만듭니다. 그렇다면 불안한 상황에서 어떻게 자신감을 회복시킬 수 있을까요? 사소한 일이라도 '내가 무언가를 해냈다.'라는 작은 성취감이 쌓이면 자신감은 자연스럽게 회복됩니다. 가령 어제보다 팔굽혀펴기를 하나라도 더 해내고, 낮은 산이라도 산 정상까지 오르고, 집을 깔끔하게 정리하는 등 크게 무리하지 않는 선에서 자기 효능감을 느낄 수 있는 일들을 실행하는 것입니다.

보통은 큰일이 생기면 대단한 일을 해야만 문제를 해결할 수 있다고 생각하는데, 이러한 생각이 사람을 더 움츠러들게 만듭니다. 사소한 일이라도 자기 효능감을 느낄 수 있는 일들이 쌓이면 회복 탄력성이 강화됩니다. 어려운 상황에 봉착했을 때 알코올에 의존하며 '나는 아무것도 할 수 없어'라는 생각을 키우는 사람이 있는 반면, 당장 할 수 있는 것들을 하나둘 실행해 나가는 사람이 있습니다. 후자가 회복 탄력성이 높은 사람인데, 회복 탄력성이 뛰어나다는 건 특별한 능력을 갖추어서가 아니라 자신을 신뢰하는 마음이 탄탄하게 자리 잡고 있다는 것을 의미합니다.

아무리 절망적인 상황이라도 자신의 의지대로 움직일 수 있는 영역은 반드시 존재하기 마련입니다. 만약 괴로움에 옴짝달싹 못하고 있다면 사소한 일상에서 되찾을 수 있는 회복 탄력성을 간과하고 있다는 것입니다. 모든 문제는 머리가 아닌 회복 탄력성에서부터 해결되기 시작합니다.

회복 탄력성은 누구에게나 있고 누구에게나 없습니다.

11

당신의 미래가 보인다

   저는 언제부터인지는 명확하지 않지만, 상대방의 미래가 보이곤 합니다. 아! 오해하지는 마세요. 저는 점쟁이가 아닙니다. 저는 상대방이 미래에 무슨 일을 할지, 재산이 얼마나 모일지, 어느 동네에 살지는 알 수 없습니다. 다만, 상대방이 삶을 대하는 태도를 보고 10년 뒤에 어떤 모습으로 살고 있을지 가늠할 뿐입니다. 여기에 상대방이 그동안 살아온 이야기까지 더해지면 미래가 더욱 디테일하게 그려집니다.

   우리가 살아가고 있는 오늘은 생각보다 아주 오래전의 선택으로 이어져 있습니다. 위대한 인물들의 자서전을 보면 '그때 그 사람을 만난 덕분에', '우연히 그 일을 시작하는 바람에', '그날 그곳에 갔기 때문에' 등의 무수히 많은 '우연'이 등장하고, 그 우연을 대하는 태도가 선택으로 이어집니다. 이러한 과거의 선택이 쌓이고 쌓여 현재를 낳은 것인데, 여기에 오랜 관성까지 더해지면 고스란히 미래로 연결됩니다.

관성은 오래전부터 이어진 언행, 습관, 생각, 생활 방식 등 자신의 삶을 지탱하는 여러 요소가 굳어지며 만들어집니다. 관성이 무서운 이유는 자신이 타고난 기질이 아무리 한량이더라도 오랜 세월 매일 정시에 출근해서 자신의 역할에 매진하다 보면 어느 순간 근면 성실한 사람으로 변하기 때문입니다. 이렇게 후천적으로 생긴 관성은 우리의 판단력, 사고력, 가치관 등을 좌우하여 자신이 타고난 기질만큼 인생에 지대한 영향을 미칩니다.

이렇게 영향력과 지속성이 강한 관성은 쉽게 깨지지 않기도 하지만, 설령 관성을 깨고 싶다고 해도 두려움이 앞섭니다. 그래서 이십 대 때 얼떨결에 선택한 직업 때문에 오랜 세월 후회하고 있음에도 관성을 깰 엄두가 나지 않아 업을 바꿀 생각조차 하지 못하는 사람들이 많습니다.

제가 상대방의 미래를 볼 때 근간으로 두는 요소는 '기질'과 '관성'입니다. 아무리 타고난 기질이 뛰어나도 관성이 기질을 짓누르면 내면에 잠재된 강력한 무기는 평생 발휘될 수 없습니다. 반면 기질이 관성이 되면 천군만마를 얻은 것처럼 자신의 강점을 십분 발휘하며 살아갈 수 있습니다. 그래서 저는 명리학을 근간으로 상대방의 타고난 기질을 보고, 상대방의 살아온 이야기를 통해 관성을 파악합니다. 즉, 기질과 관성이 삶에 어떻게 버무려지느냐에 따라 상대방의 미래가 바뀔 수 있지만, 나이가 들수록 관성의 유연성이 떨어지기 때문에 중년기부턴 관성의 비중이 더 높은 편입니다. 아무래도 40년 이상 축적된 삶의 태도를 쉽게 바꾸긴 어려우니까요. 하지만 제가 이야기하고자 하는 건, 중년은 희망이 없다는 것이 아니라 나이가 들수록 관성의 유연성을 잃지 않도록 노력해야 한다는 것입니다.

나이가 들며 관성의 유연성이 떨어지는 이유는 오랜 세월 관성에 지배당하는 동안 본연의 기질, 새로운 가능성, 도전과 멀어지기 때문입니다. 그러므로 지금과 다른 미래를 꿈꾼다면 오늘을 지탱하고 있는 관성이 먼저 바뀌어야 합니다. 오늘이 바뀌고, 바뀐 오늘이 숱하게 쌓여야 이전과 다른 관성이 만들어져 새로운 미래로 닿을 수 있습니다.

오랜 세월 단단하게 묶여있는 과거의 매듭을 푸는 건 결코 쉬운 일이 아닙니다. 저는 올해부터 새로운 관성을 만들고자 다양한 시도를 하고 있는데, 틈만 나면 과거의 관성으로 돌아가려고 하니 한 걸음을 떼기가 여간 어려운 게 아닙니다. 하지만 이 정도의 발버둥도 치지 않고 '어떻게 더 나은 미래를 기대할 수 있을까?' 하는 마음으로 힘겹게 노를 저어나가고 있습니다.

우리의 오늘은 과거와 단단하게 연결되어 있음과 동시에 미래와도 직결되어 있습니다.

　그동안 당연한 일상이라 여겨왔던 관성의 본질을 고찰하여 더 멋진 미래로 연결해 나가길 기원합니다.

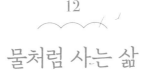

물처럼 사는 삶

저는 그동안 살면서 만난 사람 중 가장 대하기 힘든 사람을 꼽으라면 '생각이 꽉 막힌 사람'을 꼽을 것입니다. 사람마다 정도의 차이는 있지만 누구에게나 저마다의 고집이 있고, 고집이 조금만 선을 넘어도 아집이 되기 십상이라 우리 주위에 사고의 유연성이 떨어지는 사람은 생각보다 많습니다. 저 역시 돌이켜보면 인간관계나 일에 있어서 생각이 경직되어 있었던 순간이 많았습니다. 만약 다시 과거로 돌아갈 수 있다면 훨씬 더 유연하고 지혜롭게 대처할 수 있을 것 같은데 돌이킬 수 없는 지난 시간이 참 아쉽습니다. 지금 와서 생각해 보면 그 당시엔 뭐가 그렇게 조급하고 팍팍했는지 마음의 여유가 없었습니다.

매일 정해진 틀에 갇혀 정신없이 살아가다 보면 사고의 유연성이 떨어지기 쉽습니다. 쳇바퀴 같은 일상, 각박한 사회, 시시각각 변하는 세상일수록 인생을 물(水)처럼 살아가야 합니다.

물은 늘 쉼 없이 흐릅니다. 세상에 무슨 일이 일어나도 흐름을 멈추는 법이 없지요. 흐르고 또 흐르다 거대한 바위가 막아서면 부드럽고 유연하게 장애물을 돌아가 계속해서 흘러갑니다. 때론 예상치 못한 수렁으로 흘러 들어가 꼼짝없이 갇히기도 하지만, 늘 한결같이 위에서 아래로 흐르는 덕에 물은 어느새 수렁을 가득 채운 뒤 위로 넘쳐 올라 다시 묵묵하게 제 갈 길을 갑니다. 물은 그릇의 모양에 맞춰 이러면 이런대로, 저러면 저런대로 자기 모습을 유연하게 바꿉니다. 정답이 없는 세상에서 그때그때 상황에 맞춰 유연하게 흐를 뿐이지요.

너무 단단하면 부러진다고 하죠. 한 치 앞을 알 수 없는 세상에서 지나치게 곧은 태도는 변화에 대한 적응력을 떨어뜨리고 제풀에 지치게 만듭니다.

세상 어떤 풍파가 닥쳐도 물처럼 묵묵하게 자기 갈 길을 가고, 커다란 장애물이 막아서도 돌아갈 줄 아는 유연함을 갖추고, 만물을 이롭게 하면서도 생색내지 않는 겸손함을 겸비한다면 종국에는 바다에 이르는 대의를 이뤄 낼 것입니다.

모두가 물의 지혜를 갖추어 이 세상을 보다 슬기롭게 헤쳐 나가길 기원합니다.

13

말 많고 탈 많은 세상살이에서

우리의 삶은 늘 바람 잘 날이 없습니다. 이 문제가 해결됐다 싶으면 기다렸다는 듯 다른 고민이 생기곤 합니다. 뭐하나 쉬운 일도 없고, 어떤 선택을 해도 순탄하지만은 않습니다. 게다가 사람들이 모이는 곳은 어찌나 말도 많고 탈도 많은지 일은 일대로 골치가 아프고, 사람은 사람대로 힘들게 합니다. 저 역시 성인이 되어 말 많고 탈 많은 사회에서 적지 않게 시달리며 점점 예민해졌고, 상대방의 의도와 상관없이 방어적인 태도를 취하게 되었으며, 허심탄회하게 제 생각을 드러내는 일을 꺼리게 되었습니다.

곁에서 보기엔 다들 꽤 잘살고 있는 것 같지만 내적 갈등은 끊임없이 일어나고, 마음은 병들어 가고 있지만 누구 하나 깊게 관심을 가져주지 않습니다. 그러다 보면 자신도 모르게 마음이 곪기 시작하는데, 대다수의 사람이 이를 간과하며 마음의 병을 키웁니다.

모두가 매일 바쁘고 고단한 일상을 살아가지만, 자기의 마음을 돌아볼 필요가 있습니다. 겉으론 괜찮은 척하고 있지만 마음 한편이 곪고 있지는 않은지, 타인의 기대치에 쫓겨 나다움을 잃고 있지는 않은지, 안전함을 느끼지 못하는 관계를 꾸역꾸역 이어가고 있지는 않은지 묻고 또 물어야 합니다. 세상에서 나와 가장 진솔한 대화를 나눌 수 있는 건 바로 나 자신입니다. 자기의 내면에서 벌어지는 감정, 중압감, 정서, 욕구를 외면해서도, 방치해서도 안됩니다.

아무리 혼란스러운 상황에서도 마음의 중심을 잘 잡고 있으면 나다움의 명맥을 잃지 않고 잘 대응해 나갈 수 있지만, 마음이 무너지면 세상이 무너지는 건 일순간입니다.

바람 잘 날 없는 고단한 세상살이에서 자신의 마음을 돌아볼 수 있는 여유를 잃지 않길 바랍니다.

그래봤자 사람이 사는 세상이다

코로나19 사태로 하루아침에 호텔업계, 여행업계, 영화업계, 제조업계가 커다란 타격을 입고, 자영업자들이 줄줄이 쓰러지며 많은 사람이 업의 위기의식을 느꼈고, 코로나19가 종식된 지금은 인공지능 기술의 발달로 곳곳에서 '인공지능이 인간 중심의 일자리를 대체할 것'이라는 우려 섞인 목소리가 나오며 현대인들은 여전히 업의 위기에서 벗어나지 못하고 있습니다.

인간의 수명이 길어진 데다 직업의 불확실성까지 더해지니 미래를 생각하면 막막하기 그지없습니다.

'이 일을 계속해도 괜찮을까?'

'내 일자리가 없어지지 않을까?'

'내가 몇 살까지 일할 수 있을까?'

'노후에는 어떻게 살아가지?'

이처럼 아직 다가오지 않은 미래에 대한 두려움은 실체가 보이지 않기 때문에 이미 닥친 상황보다 더 두렵게 느껴질 수 있습니다. 하지만 세상을 너무 두려워할 필요는 없습니다. 세상이 아무리 변해도 결국 사람이 살아가는 터전일 뿐입니다. 이 말을 조금 더 적나라하게 표현하면 '그래봤자 사람이 사는 세상'이라는 것입니다.

인류는 그동안 엄청난 발전을 거듭해 왔지만, 인류가 탄생한 뒤로 현재까지 인간의 '생로병사'의 맥락은 크게 변하지 않았습니다. 의료 기술이 아무리 발전하더라도 인간은 언젠간 죽게 되어 있으며, 미용 기술이 아무리 발달해도 70대가 20대처럼 보일 순 없습니다. 기술의 발달로 노화를 서행시키고 수명을 연장할 순 있지만, 인간의 생로병사를 완전히 거스를 순 없습니다.(설령 인간의 생로병사를 완전히 뛰어넘는 기술이 개발된다고 해도 인간이 영생을 누리게 되면 환경적, 경제적, 사회적으로 엄청난 혼란이 야기될 것이라 예상되기에 이 부분은 배제하고 이야기를 이어 가겠습니다.)

더불어 세상이 아무리 변해도 인간의 원초적 본능은 변하지 않습니다. 이는 인간의 감정, 생리적 욕구, 사회적 욕구, 안전의 욕구, 자아실현의 욕구는 사라지지 않는다는 것을 의미합니다.

모든 산업의 수요는 인간의 본질을 기반하게 되어있습니다. 만약 기술이 발달하여 '식사 대용 알약' 하나로 포만감과 모든 영양소를 다 채울 수 있다면 사람들은 더 이상 음식을 찾지 않게 될까요? 인간의 식사는 영양소와 허기진 배를 채우는 데만 목적이 있지 않습니다. 식욕은 생존 본능이자 쾌락 본능이기도 합니다. 우리는 맛있는 음식을 떠올리기만 해도 입가에 군침이 돌고, 맛있는 음식 냄새만 맡아도 기분이 좋아지며, 음식 맛을 음미하는 내내 쾌락은 지속됩니다. 나아가 식사는 단순히 음식을 섭취하는 행위만이 아닌 인간관계를 돈독하게 유지하는 수단이기도 합니다. 지인들과의 식사를 통해 관계의 욕구가 충족되고, 단체 회식을 통해 팀원 간의 유대감이 증가하며 소속 욕구 또한 채워집니다. 이처럼 인간의 식사는 단순히 배를 채우는 것 이상의 의미를 지니고 있으므로 세상이 변해도 음식이 주는 쾌락과 사회적 욕구를 쫓는 인간의 본능, 즉 외식의 수요는 사라지지 않을 것입니다.

요즘은 편의성이 뛰어난 온라인 강의를 많이 듣는 추세이지만, 여전히 오프라인 강의를 선호하는 사람도 많습니다. 오프라인 강의는 용모와 복장을 갖추어 강연장에 도착하는 것부터 마음가짐이 정비되고, 여러 사람이 모여 열중하는 분위기가 형성되면 집중력이 강화되며, 궁금한 점을 그때그때 소통할 수 있는 것 또한 큰 장점입니다. 사람과 사람의 만남은 정보만 주고받는 것이 아니라 서로 에너지를 주고받는 것입니다. 사람이 모여 만드는 에너지는 콘서트장을 떠올리면 이해하기 쉽습니다. 사람들은 자신이 좋아하는 가수의 무대를 집에서 편하게 볼 수 있는 방법을 두고, 굳이 시간과 비용을 들여 미어터지는 콘서트장을 찾습니다. 그 이유는 아티스트와 관객이 함께 호흡하며 만들어 내는 열광적인 분위기와 같은 아티스트를 좋아하는 사람들이 모여 유대감으로 빚어내는 뜨거운 에너지는 디지털 세상에선 상상조차 할 수 없기 때문입니다. 요즘은 온라인 콘서트가 가능한 시대이지만, 오프라인 콘서트장에서의 그 뜨거운 에너지를 느끼고 싶은 마음은 쉽게 사라지지 않을 것입니다.

결국 세상이 아무리 변해도 대체 불가능한 수요의 근간은 흔들리지 않습니다.

미래가 두렵고 막막할 때 이 한마디를 되뇌기 바랍니다.

'그래봤자 사람이 살아가는 세상이다.'

인생에서 가장 중요한 단서는 사람에게 있습니다. 세상이 변해도 사람의 마음을 읽고, 내면의 욕구를 채워주고, 인간의 편의를 돕고자 하는 산업의 근원은 변하지 않습니다.

세상만사가 혼란스러울수록 자기중심을 잘 잡아야 세상에 휩쓸리지 않고 살아갈 수 있습니다. 자기중심이란 나다움을 잃지 않고 세상의 변화에 맞서나가는 힘을 의미하는데, 이 힘을 키우기 위해선 인간의 본질을 이해해야 합니다.

매일 눈앞에 펼쳐진 현상을 쫓기 급급한 나머지 삶의 본질을 새카맣게 잊고, 가까운 사람들의 마음을 돌아볼 여유조차 없는 바쁜 현대인에게 이 책이 사색의 여백을 선사할 수 있길 희망합니다.

참고문헌

- 권용철 지음,『우리 몸은 아직 원시시대』, 김영사, 2017.

- 세스 스티븐스 다비도위츠 지음, 이영래 옮김,『모두 거짓말을 한다』, 더퀘스트, 2018.

- Hugh J. Parry, Helen M. Crossley, "Validity of Responses to Survey Questions", Public Opinion Quarterly 14,1 (1950).

- 이해나 보도,"당황하면 '눈빛' 정말 흔들릴까? 과학적 근거 있어", 헬스조선, 2019. 11. 10.

- 이태호 지음,『시장의 기억』, 어바웃어북, 2020.

- 이금나 보도,"직장인 '번아웃', 극단선택 위험 최대 77% 높인다", 시사저널, 2023. 10. 19.

- 폴 칼라니티 지음, 이종인 옮김,『숨결이 바람 될 때』, 흐름출판, 2016.

- 김도훈 보도, "'코로나 장발장' 달걀 18개 훔쳐…18개월 실형 구형", JTBC, 2020. 7. 1.

- 김현주 보도, "집행유예, 부유층에 사실상 면죄부"…현직 검사의 날 선 비판, 세계일보, 2023. 1. 5.

- 〈퀴츠(Quartz)〉는 이 기사를 '금기'관련 기사로 분류했다. Isabella Steger and Soo Kyung Jung,"An Outcry over DIY Period Pads Made from Shoe Insoles Has Sparked a National Menstruation Conversation in Korea," Quartz, June 11, 2017.

- Penelope A. Phillips-Howard, George Otieno, Barbara Burmen,et al., "Menstrual Needs and Associations with Sexual and Reproductive Risks in Rural Kenyan Females: A Cross-Sectional Behavioral Survey Linked with HIV Prevalence," Journal of Women's Health 24, no.10 (2015): 801-11.

- "Pupils Exchange Sex for Sanitary Pad-ES Reveals," GhanaWeb.com, October 7, 2016.

- 한영혜 보도, "'미국 수출통제 대상' 중국 YMTC, 미국 임직원에게 퇴사 통보", 중앙일보, 2022.10.24.

- 김유대 보도, "인터넷 느리다"는 이유로…수리 기사 살해, KBS뉴스, 2017. 6. 23.

- 최상원 보도, "시끄럽다"며 아파트 외벽 작업자 밧줄 끊어 살해, 한겨레, 2019. 10.19.

- 자오타오, 류후이 지음, 박찬철 옮김, 『세계사를 바꾼 15번의 무역전쟁』, 위즈덤하우스, 2020.

- 김도훈 보도, "10장의 사진으로 보는, 지금은 사라진 '버스 안내양'", 2016. 2. 4.

- 권일용 지음, 『내가 살인자의 마음을 읽는 이유』, 21세기북스, 2022. 6. 8.

- "安重根의 직계후손, 全세계로 뿔뿔이 흩어져", 조선뉴스프레스, 월간조선, 2009. 1. 2.

- Rosenthal, R. & Jacobson, L.:"Pygmalion in the classroom",Holt, Rinehart & Winston 1968.

- 박정환 보도, '자식 같아서', '미안해서' … 외로움·효심 악용 '의료 떴다방' 기승, 브릿지경제, 2018. 1.22.

- 대니얼 카너먼 지음, 이창신 옮김, 『생각에 관한 생각』, 김영사, 2018.

- 최종수 지음, 『물은 비밀을 알고 있다』, 웨일북, 2023.01.

인간 해석

초판인쇄	2024년 2월 20일
초판발행	2024년 2월 26일
지은이	서보경
발행인	조현수 조용재
펴낸곳	도서출판 더로드
기획	조용재
마케팅	최문섭
편집	이승득
디자인	호기심고양이
본사	경기도 파주시 초롱꽃로17 303동 205호
물류센터	경기도 파주시 산남동 693-1
전화	031-942-5364, 5366
팩스	031-942-5368
이메일	provence70@naver.com
등록번호	제2015-000135호
등록	2015년 06월 18일

정가 16,800원
ISBN 979-11-6338-444-1 03300